育人微语

于伟 著

山东教育出版社

图书在版编目（CIP）数据

育人微语 / 于伟著 . — 济南：山东教育出版社，2019.8
ISBN 978−7−5701−0749−0

I . ①育… II . ①于… III . ①教育 − 文集 IV . ①G4−53

中国版本图书馆 CIP 数据核字（2019）第 174663 号

YU REN WEI YU

育人微语　　　　　　　　　　　　　　　　　　　于伟　著

主管单位：山东出版传媒股份有限公司
出版发行：山东教育出版社
　　　　　地址：济南市纬一路 321 号　邮编：250001
　　　　　电话：（0531）82092660　　网址：www.sjs.com.cn
印　　刷：山东新华印务有限责任公司
版　　次：2019 年 8 月第 1 版
印　　次：2019 年 8 月第 1 次印刷
开　　本：710 毫米 × 1000 毫米　1/16
印　　张：20.75
字　　数：253 千
定　　价：48.00 元

（如印装质量有问题，请与印刷厂联系调换）印厂电话：0531−82079130

　　教师是人类灵魂的工程师，肩负着传承人类文明，塑造灵魂的时代重任。

　　我从事教育近四十年，履行着教书育人的本分，经历了教学大纲和课程标准一次次的教育改革；在学校艺术教育管理和艺术学科教学研究中，体味着、实践着"教书"与"育人"。

　　教师的教育行为是在情感交流的过程中完成的，教师和学生的关系不仅仅是师生关系，更像是人生旅途中的同行者，我们要深知自己的责任与义务。

　　这里我把多年来的感悟，分用心做人、用情做事、用思想成事三个部分奉献给大家，盼能引起共鸣。

　　用心做人。作为教师，为人师，必须正其表。在工作和生活中，教师应时时处处注意自己的言行对学生的影响。因为教师不经意的一句话、一个眼神、一个动作都有可能影响学生的一生。生活中，教师如果不注意自己的言行，在不了解情况下的一句无心的话，会伤学生的心，而一句表扬的话则会使学生受到鼓舞，会让学生一辈子记住。这就是学生的向师性的心理影响。所以教师在工作中一是要用心做人，从德、行、言语、知识、能力等诸方面规范和丰富自己，真正做到为人师表。二是要学会用心关怀，运用好教育学、心理学的理论知识，用心了解和关怀每一位学生。三是要真心去爱，用真心去爱教师这个职业，真心去爱自己的学生，关爱每个学生的成长。

用情做事。这里所指的"情"是"爱"，爱自己的职业、爱学生。没有爱就没有教育。教师的"爱"是尊重，是信任，尊重学生的需要，尊重学生的人格。真正爱学生是要为他们将来的幸福、长远的发展考虑。学生的健康成长主要来自心理，学习兴趣来自于心情；心情影响发展，习惯成就人生。好的心情、好的生活习惯是人格形成的源泉，是人生成长的法宝，要想绘出自己最美丽的人生画卷，必须时时处处保持一个好的心态和好的心情，养成好的生活习惯。用心做人是为人之本，用情做事是做事之道。

用思想成事。好学能感知世界的丰富，善思能感知世界的新奇，善良能感知世界的美好。教育是塑造人的工程，人生百态，每个人的思维、性格、价值取向各不相同，作为教师需要的是学会思考，并教会学生学会思考。正确的教育观、人才观，就是传递人类积累的经验，丰富人类经验的内容，增强经验指导生活和适应社会的能力，从而把社会生活维系起来和发展起来。有思想才有格局，有思想才有远大人生目标的实现。

用心想事，用情做事，用思想成事。自知、自省、自强，正视命运，敞开心扉，迎接笑脸，拥抱友情，把做人、做事、做学问融入工作的点滴，你将看到鲜花满地。在这里，我把对教学、人生、育人等方面的所思所想，奉献给大家，与大家共勉，望能有所启发。

2019年5月26日

目 录

前面的话 / 1

生活篇——用心做人

1. 小聪明大智慧 / 2

2. 习惯成就人生 / 4

3. 不要丢了好好的生活 / 5

4. 荷美在和 / 7

5. 胡杨 / 8

6. 茶道——茶在于品 / 9

7. 修心在于静 / 10

8. 飞翔 / 12

9. 变得伟大 / 14

10. 不要浪费青春——明白自己在干什么 / 15

11. 不要流失自己 / 17

12. 优秀的人对谁都尊重 / 18

13. 三味知行 / 19

14. 学会包容　让自己强大 / 21

15. 入冬爱冬 / 23

16. 浅土与深土 / 25

17. 学会尊重学生 / 27

18. 人无信不立 / 31

19. 敞开你的心扉吧 / 33

20. 让心灵中有一棵树的种子 / 35

21. 水的精神 / 37

22. 人生的交响 / 39

23. 信徒 / 41

24. 小议中小学艺术教师的自身建设 / 43

25. "声望"词解 / 48

26. 寻找自己缺点的机会 / 50

27. 懂得交心 / 52

28. 路 / 54

29. 自信的前提是自知 / 56

30. 人生·角色 / 58

31. 不争是争　争是不争 / 60

32. 目标 / 62

33. 启迪智慧　读懂人生 / 64

34. 舍得 / 66

35. 情绪是最好的朋友也是最大的敌人 / 68

36. 快乐是一种能力 / 71

37. 学会改变节奏 / 73

38. 格局的大小决定人生高度 / 75

39. 能承受压力才能走得远 / 77

40. 年是一个原点 / 80

学习篇——用情做事

41. 解决困难的办法——行动 / 82

42. 兴趣（一） / 84

43. 快节奏　慢生活 / 86

44. 留给回忆一个机会 / 88

45. 永远到底有多远 / 90

46. 用眼睛看到的是距离 / 92

47. 秋收冬藏 / 94

48. 爱在心中　普度众生 / 95

49. 合唱 / 97

50. 用心　用情　用思想 / 98

51. 你做事究竟是为了什么 / 100

52. 秋的色彩 / 102

53. 从李白的《静夜思》想到的 / 104

54. 鱼缸法则 / 106

55. 五官变化、情绪变化与心 / 107

56. 上山容易下山难新解 / 109

57. 教学方法没有好坏之分 / 111

58. 路永远在心里 / 113

59. 与孩子交心 / 114

60. 悟到了就要做到 / 116

61. 你看到了什么 / 118

62. 耕牛与农夫 / 120

63. 把优秀变成一种习惯 / 121

64. 校长应思考的 / 123

65. 从独唱与合唱中体味学校教育的和谐 / 125

66. 学会启动思维的车轮 / 130

67. 现代教师的重要素质——文化判断力 / 135

68. 何谓经典 / 139

69. 文化是什么？ / 141

70. 有心情 / 142

71. 盆景艺术 / 143

72. 对经典的传承 / 145

73. 春的萌芽 / 146

74. 我看课程设置 / 148

75. 人，生气时为什么会大喊？ / 151

76. 解字游戏——"校"的含义 / 153

77. 基本的音乐素养 / 154

78. 冰山一角——人的意识图解 / 156

79. 读懂教材 / 158

80. 学会认识和利用音乐教材 / 160

81. 学会大胆 / 164

82. 个性与沟通 / 166

83. 爱是人类发展的动力 / 168

<hr>

教学篇——用思想成事　教书育人

84. 学校美育的目标和任务 / 170

85. 情感态度价值观 / 172

86. 艺术重在表达 / 173

87. 艺术是由于美和不同而存在 / 175

88. 音乐与审美 / 177

89. 学生最有发言权 / 179

90. 为了我们的学生 / 181

91. 教育的根本 / 182

92. 课堂教学 / 184

93. 艺术的核心是"情" / 186

94. 教育以修为主 / 188

95. 唱歌——抒情是第一位的 / 190

96. 小学音乐课《时间像小马车》点评 / 192

97. 与祁老师商榷 / 199

98. 高等师范教育应倡导多能一专 / 201

99. 学会找准教学的切入点 / 204

100. "讲授"一词新解 / 208

101. 音体美学科在教育中的育人作用 / 210

102. 让孩子健康成长 / 215

103. 初中音乐课《行进中的歌》的听课笔录 / 217

104. 初中音乐课《青春舞曲》听课笔录 / 219

105. 技能课程的基本问题不是"基本功" / 221

106. 备课与授课 / 224

107. 教学目标 / 226

108. 南风效应 / 228

109. 教师的必修课 / 230

110. 以人为本 / 232

111. 母子问答 / 234

112. 教师行为的思考 / 236

113. 培养健全的人 / 238

114. 学会欣赏 / 240

115. 怎样才算一节好课 / 243

116. 课堂教学须掌握的六个原则 / 245

117. 教学中的几个问题 / 249

118. 课堂导入和素材利用 / 251

119. 音乐课要用音乐说话 / 253

120. 用情感玩音乐 / 255

121. 设计思路与教学 / 257

122. 学会掰洋葱 / 259

123. 课堂教学不要追求"完美" / 261

124. 重复——听课中的感悟 / 263

125. 节奏学习——听课中的感悟 / 266

126. 音乐课中的音乐性——听课感悟 / 269

127. 识谱教学——听课感悟 / 271

128. 音乐的特质 / 274

129. 兴趣（二） / 276

130. 学生时代的目标 / 278

131. 教材　教师　学生 / 280

132. 五四制音乐教材的特点 / 284

133. 一个中心四个结合两个渗透的立体化　289

134. 懂得适时把自己清零 / 303

135. 教育是人与人之间的情感交流过程 / 306

136. 音乐要素构成音乐形象 / 308

137. 学会用心传递知识 / 310

138. 美的观察 / 312

139. 教学中的"三七开" / 314

140. 以美育人 / 316

141. 一块木板、一根钢丝绳的启示 / 322

生活篇

用心做人

百善孝为先，人生德为本。好学能感知世界的丰富，善思能感知世界的新奇，善良能感知世界的美好。

1

小聪明大智慧

世界上聪明的人不一定是智者，而智者一定很聪明。

在现实生活中，不吃亏的是聪明人，而敢吃亏的是智者。

聪明人在处事与别人交往时，把自己的利益放在首位，时时处处为自己的既得利益盘算，往往能保全自己的个人利益。

而智者绝不追求个人的最大收益，把做生意和做事情当成毕生追求的事业，有些生意甚至赔钱也做。

聪明人知道自己能做什么；而智者明白自己不能做什么。

聪明人能把握机会，知道什么时候该出手；而智者能把握方向，知道什么时候该放手。因此，拿得起来的是聪明，放得下的才是智慧。

聪明人举轻若重，多战术思维，计较细节和眼前利益，因为利益的驱动比常人更敏感，所以聪明人多烦恼。

而智者举重若轻，多战略思维，注重整体和未来的发展。

由于具备做事的全局性思维，智者能审时度势，达到"不以物喜，不以己悲"的超然境界。

从人际关系上看，聪明人以自我为中心，渴望改变别人，让别人顺从自己，以达成自己的目标；而智者多能包容别人，顺其自然，懂得根据事态的运行轨迹协同发展。

聪明人由于既得利益的驱使，往往会造成人际关系的紧张；而智者因为拥有包容、纳百川的心态，他的人际关系都很和谐。

聪明人积累的是知识，智慧者沉淀的是文化。

一个人的知识越多越聪明，而文化越多越智慧。

聪明靠耳朵、靠眼睛，所谓耳聪目明；而智慧靠心灵，即所谓慧由心生。

知识让人聪明，哲学教人智慧。

聪明能带来财富和权力，但是财富和权力与快乐很多时候并不成正比。智慧能带来成功，更能带来快乐，因为快乐来自人的心灵。

因此，求才，聪明足矣；求脱离烦恼，求超凡脱俗，求人格品质的良好德行，非修智慧不可。

郑板桥说："聪明难，糊涂更难"。"糊涂"是需要智慧的"糊涂"。

所以，"难得糊涂"翻译过来就是"难得智慧"。

2017年11月28日于蓬莱随笔

2

习惯成就人生

一个人的生活习惯往往会影响人生发展的轨迹，好的习惯会给你带来好运，坏的习惯则往往会给你带来噩运。

童话大王郑渊洁的儿子在中央电视台"芝麻开门"栏目与主持人交流的时候说："我小的时候不管什么时间起床，都会看到爸爸在灯下写作。"

一个道理：成功来自于勤奋，来自于习惯的养成。

陈景润的勤学好思，解析了哥德巴赫猜想；牛顿的善思与思变，发现了万有引力，让世人记住了"牛顿与苹果的故事"。

毛泽东博览群书、古今通达、辩证思维、为人民服务，带来了人民的解放、民族的独立，使中国人民真正地站起来了。

懒惰者，没有养成良好的学习、生活习惯，事事拖沓，处处不想处理，只能是庸人。

自私者，遇到事情斤斤计较，以己私利揣摩、嫉妒别人，生怕自己吃亏、自私自利的人多为小人。

你的习惯中藏着你的运气，好的习惯是在日常学习生活中养成的，勤于思考、坚持不懈、宽厚待人习惯的养成会为你带来成功。

所以，习惯成就人生。

2017年12月20日火车上随笔

3

不要丢了好好的生活

在网上看到两篇小短文，很有深意，与大家分享。

一则短文说的是：一哥们儿在烟台呆腻了，呆烦了，就到美国去度度假、散散心。

刚到美国看见很多人在买彩票抽奖，有人抽了三等奖名牌包，有人抽了二等奖名牌手表，很多人都想抽一等奖，因为一等奖还没出现，这哥们看了看，也上去想碰碰运气，掏钱就买了一张，打开一看，众人立即欢呼——一等奖出现了。

这哥们欢呼雀跃，大呼："美国真是我的幸运之地"。

工作人员上前告诉他："小伙子恭喜你，准备好行李，明天出发，一等奖是中国烟台七日游！"

这个故事告诉我们：不同的环境和条件产生的幸福价值也是不同的，不要为了想当然的碰运气心理，去获得偶然的"奖赏"。

天上没有掉馅饼的，脚踏实地才是获得 "奖赏"的根本。

另一则短文说的是：一个上海人，1994年卖了房子，凑了20万，到墨西哥"淘金"。多年来风餐露宿，大雪天中送外卖，夜半学英语，在贫民区被抢7次、被打3次，辛苦节俭，至两鬓苍苍，终攒下100万美金，打算回国养老，享受荣华富贵。一回国，发现当年卖掉的房子，现在中介挂牌690万，刹那间崩溃。

　　这个故事告诉我们：不要为了"更好的生活"，而把"好好的生活"给弄丢了。

2016年4月

4

荷美在和

荷美在和，荷美在洁；淡然安静中，在一个个圆圆绿叶的衬托下，呈现出平和、纯洁之景。

虽然在淤泥中生长，但有"出淤泥而不染"的高洁。

圆圆的叶子，呈现的是"和"的文化。

现实生活中，"天时、地利、人和"是一个人事业发展的关键，合适的时机、合适的条件，虽然非常重要，但更重要的是在工作中的人际关系——人和。

有的人自认为有本事，人际关系不好，没有人认同你，即便是条件和时机对你有利，也很难有好的结果。

工作能力强、人际关系好的人，工作起来会如鱼得水，领导和同事也放心把工作交给你。

从荷花圆圆的叶子和花的纯洁美丽，不难看出"适"与"和"的力量。

所谓"出淤泥而不染"就是在逆境中以平和的心态看待一切，以"圆"的待人方式彰显"和"的魅力，才可能绽放荷花之美丽。

人生如此，以圆之心托举生活，出世之时淡定，入世之时平和。

2014年8月19日于秦皇岛

5

胡杨

　　胡杨，大漠中的守望者。在身躯中孕育着沧桑中的淡然，困境中的顽强，绝境中的重生，肌理中秀出岁月给予的美丽。

　　胡杨在大漠风沙的辉映下，显示出在困境中生存的顽强与不屈，那种绝处生存的勇气，那种面对恶劣环境的淡然，映射出人生的真谛。

　　人的一生不可能一帆风顺，各种沟沟坎坎、无奈、彷徨、困苦，都与胡杨一样，只要有生存的希望和机会，只要懂得适应社会、适应环境、与时俱进，总会有机会将自己的生命绽放。

　　直线常无景，曲径才通幽。

　　胡杨之美，是历经沧桑的顽强在风雨中抗争、岁月中洗礼而产生的；它那扭曲的身躯、褶皱的肌理，印刻着可读、可思、无限畅想的内力和文化。

　　经历了沧桑，才有阅历的沉淀，才有个人的魅力，才有文化的内涵。

　　胡杨，如果没有在那样的生活环境中生存的本领和心态，永远不会秀出丰富、美丽的肌理。

　　人应像胡杨一样，勇于接受现实，学会适应现实，在人生的旅途中秀出自己的魅力。

2014年8月21日于唐山

6

茶道——茶在于品

禅在于悟，茶在于品。

品是实践的果，是认识的初级阶段；

悟是思考的果，是认识的高级阶段。

人生是在品味中悟道的。

一个人的成长，需要的是"品味"，品味人生道路上的酸甜苦辣，在失败与成功中品味人生，感悟人生的真谛。

人生之成功，在悟道，得道者多智慧。佛行悟道，是为了普度众生，人生悟道，是为了济世，是为了国之振兴。

智者悟道，愚者索取，这是人生的两极，也是成功与否的关键。

茶道、禅道，品中悟，悟中品，乃得真理也。

品人生尝百味，悟禅意普众生。

茶艺品三道——浓、醇、淡，回味的是茶的品质；

处世悟三生——前世、今生、来世，修为的是人的品格。

茶品三道方知茶道清香，醇厚闲情悠然之味，

人尝百味方晓人生清明，纯白净心淡然之景。

2014年10月22日于烟台

7

修心在于静

春茶寻韵，夏茶期爽，秋茶重实，冬茶言情。

春天品茶，寻找的是春的生机、新的鲜活，寻找的是春天盎然的春意和韵味。

夏天品茶，期许的是在炎炎夏日中的清爽，在热烈中寻找一份爽心、一份清明。

秋天品茶，是在硕果中回味，在喜悦中回望，在成功和丰收中寻找平淡、殷实的心境。

冬天品茶，是在静冷的空气中凝神思变，是在洁白的雪花中梳理过往，期许来年的丰收愿景。

饮茶之远是在"意"中，在茶入口闲栖瞬间的交融中静默凝视，思绪在茶香的飘流中变得悠远绵长。这就是茶气之"远"。

茶之道在于静，在于心定。

修心亦在于静，在于心定。

品茶，是修心的过程，而这过程在茶的味道中，洗涤着心灵，如佛的禅修，在静默中打开智慧的闸门，都是在静心思考的过程中悟道、明智。

茶道在于道，在于过程、在于品、在于悟，在凝神专注中，达到心的净化和智慧的泉涌；

禅修是在入定中，经过心的清流洗涤着、净化着、生发着大智慧。二者都是通过净实现了灵的升华、智的慧明。

故大智慧需静也。

2015年5月21日早晨读友人微语有感

8

飞翔

在微信中看到一幅画——"飞翔的书"。

并题"书不是羽毛，却使人飞翔。"

生活中我们常听到："这个人读书读傻了。""这个人满腹经纶，但是书呆子气太重。"原因是，这个人在读书的时候，只知死记硬背，不会融会贯通；没有思考，与生活脱离，只会照搬书本的概念。

读书是需要智慧的，要懂得读什么书，如何运用读到的知识。

机械的读书会使人背上沉重的包袱，陷入所谓的知识丰厚、不切实际的盲目境况中。智慧地读书会让人插上翅膀。

读书就像吃饭一样，需要消化；要像老牛反刍那样，反复地咀嚼、消化、吸收。

当把书读薄了、读轻了、读空了，就可能将书本的知识内化为自己的能力。

读书不是死读书，书本的知识要读、要学，生活的书更要读，读懂了生产书的源——生活，你就会在理想的蓝天下翔翔。

林语堂说："能读懂无字之书，方可出惊人之语。"人生要读懂的书是无字之书，无字之书就是"生活"。

知识的学习是为了更好地读懂"生活"。这就是读书的关键。

2015年3月12日于烟台

9

变得伟大

每个人都想自己有成就，都想得到别人的认可，都想让自己变得伟大。

人生中，不要把自己想得多么伟大、多么了不起，独自站在那里目空一切，是可悲的，是无助的，是会孤独的，更会失去自我的；因为人生的舞台需要喝彩。

有了喝彩，说明你的表现和表达已经融入人们的心里。孤芳自赏地独自站立，会让你孤独，会让你在地球上消失。

人生需要合作，需要沟通，需要相伴，需要相互的扶持与鼓励，需要融入社会的形态和经历风雨的气魄。

当你能够融入自然、融入社会，就会变成美丽的风景，就会让人感觉到你的存在，就会得到别人的欣赏，就会变得有价值。

当你的表现被别人喝彩，自己的所思所想融入社会，自己的行为和理想与生活节奏合拍，你就会一步步走向成功，一步步变得伟大。

2015年5月26日

10

不要浪费青春——明白自己在干什么

青春是美好的，青春是火热的，青春是充满激情、具有强大发展动力和发展空间的。

不要浪费青春，而要享受青春，要懂得把握青春。

青春的美是用来欣赏的，不是只供给赞美的花瓶，把青春之美，送给努力，送给激情，送给事业，送给生活，你会得到人生的馈赠。

青春是有梦想的，一个人有了梦想，才能为之去拼搏，去奋斗，这些梦想只有在消费青春后才能实现。

青春是用来追忆的，当我们回首那经过岁月和奋斗洗礼的青春，是那样的精彩夺目，硕果累累。

青春无悔，无悔的是经历过的奋斗历程，无悔的是在青春后的价值，是为追逐梦想而得到的成功和快乐。

青春是青涩的，就像青青的苹果，咬一口涩涩的；要想把青苹果变成红苹果，就要用自己的青春去赢得大地和阳光的滋润，不断地汲取营养，丰富自己。

想要青春无悔，就要学会享受你的青春。

那种无目的、无目标的劳作，无梦想、无追求的青春，永远是无用的、徒劳无功的，永远也做不到青春无悔。

　　读懂自己，读懂人生，珍惜所有，学会用汗水浇灌青春，你会做到——青春无悔。

2015年7月23日晨

11

不要流失自己

在人生的长河中，流逝的是时光还是我们自己？这个问题一直是我们理解的盲区，我们经常在一些艺术作品和励志的书籍中看到"不要让时光流逝""一寸光阴，一寸金"等语句。

时光流逝的可怕和无奈，世人已有所共识。

那么，如何理解时光的流逝？如何"留住"时光？用好时光？

我们应对时光做一下分析，对时光逝去再理解。

如果将时间当成一把固定的尺子，每个人的人生就在时间这个尺子上行走。回想一下走过的路，看看每个人的人生经历，我们不难看出，流逝的不是时间，而是我们自己。

从年轻到不再年轻，看起来是时光印记，但从多年的工作经历看来，这个时光恰恰指的是我们自己，流逝的是自己的生活和生命。

所以，珍惜时光，就是让生命发光，让生命之树常青。

要想不虚度时光，就要利用好光阴这把尺子，丈量好人生的轨迹，记录好人生中每个阶段的点滴，将自己奋斗的印记在时间这把尺子中留下来，让生命不再虚度。

那种贪图安逸、不思进取的人生，生命的流逝将会与"竹篮打水一样"，场场空。

2015年9月28日于烟台

12

优秀的人对谁都尊重

近来，在书中看到一个故事，感触很深。

故事的梗概是：

一位总统带着孙子散步，有个乞丐向他鞠躬敬礼，总统马上驻足还礼，而且弯腰更深。

孙子不解，说："他只是个乞丐啊！"

总统回答："我绝不允许一个乞丐比总统更有礼貌！不要以为别人尊敬你，是因为你很优秀，其实别人尊敬你，是因为别人很优秀，优秀的人对谁都尊敬。"

"优秀的人对谁都尊敬"——这是一种优良品质。

优秀的人，理解别人的感受，懂得尊重别人，懂得站在别人的立场上思考问题。

懂得尊敬，是一个人的优秀品质，更是一个优秀的人的人生信条；尊敬他人，就是尊敬自己，敬畏人生。

中国有句古话："你敬我一尺，我敬你一丈。"体现的就是人与人互相尊敬的豁达和胸襟。

懂得尊敬，体现的是境界和修为！

2013年6月读书有感

13

三味知行

人生在世，离不开对"味道"的寻觅和体会。

不管是赏，还是品都离不开"味道"，如音乐的韵味、服饰的韵味、美食的味道，生活的品味处处都有。

一个人的奋斗与成长，也是寻"味"、体"味"、创"味"的过程。

童年时，任何事物都是新奇、未知的，还没有拥有的；行为表现是在索取和尝试中体味生活中的点滴。

青年时，在对新奇事物的兴趣和冲动中，追寻、体验着人生的百味，开始对人生的探秘。

中年时，人生的路上有了一定的感受和理解，在生活追寻中，更多的是在自己的理想和人生规划中，创造属于自己的人生味道，体味人生的乐趣。

老年时，尝过了人生的酸甜苦辣，也体味过了成功的喜悦，闲下来更多的是回味自己的人生历程。

人的一生都是在寻"味"、体"味"、创"味"中度过，一个人成长的过程也是在寻"味"、体"味"、创"味"中明白人生的真谛。

没有寻"味"的过程，就没有体"味"机会，没有体"味"机会，就很难有创"味"的空间和成功的辉煌。

尝尽人生百味，方知行动方向。寻"味"、体"味"、创"味"，你会得到人生的感悟。

与智者同行、与智者交流、与智者共建，你会看到自己的价值。

2014年3月

14

学会包容　让自己强大

一个人要学会包容别人，包容别人需要自己足够强大。

儿子上高二的时候，学习成绩急剧下滑，儿子的心理压力很大，但是，作为一个教育工作者，我希望看到的并不全是孩子的成绩，更多的是希望孩子能够具有待人接物的豁达心理和积极乐观的人格。

记得有一天晚自习我去接儿子，漫长的等待中儿子终于上车了。一上车，儿子就开始讲学校的事情。

他说："爸，我像您了。"我问："像我什么？"儿子："我像您能够包容别人了。"接着他就开始了他的陈述……

"今天晚自习我作业完成得很快。"我在静听。

儿子继续说"作业做完后，我非常高兴，就在这时，我的同桌因为我做得快，把我的尺子掰断了。"

我说："这是为什么？你是怎么做的？"

儿子说："我很生气，但一想又觉得没有什么，不就是一把尺子嘛。我就问他"你为什么掰断我的尺子？"同学说，你作业做得快了，你做得快影响到我了。"

儿子继续说："我说，我做快了就影响你了吗？接着我又说，这事就是遇上了我，如果是别人，早就给你两个耳光了。接着我对他讲了很多的道理。我同学哭了。"

儿子又接着说："下晚自习，我收拾完书包，走到教室门口，回头一看，我同学还站在课桌旁哭。我就回去帮他收拾书包，拍着他的肩膀说，没什么大不了的，回家吧。"

讲完后，儿子说："爸爸我是不是像您了，能包容别人了？"

在述说的过程中，儿子渐渐增大的哽咽声，也映射出他内心很多的委屈……

我表扬了他的豁达和"包容"。

接着，我又说："你做得很好，但这不是包容，这是忍耐。"

儿子问："为什么，什么是包容？"

我说："从你的讲述中，看出你很在乎这件事，只不过是忍住了你生气的情绪，因为你同桌学习比你好，他的做法让你委屈，所以你是忍耐。"

儿子问："那什么是包容？"

我说："包容需要足够强大，如果你的学习成绩比他好，他掰断了尺子你会感到可笑和理解。"儿子点了点头。

包容需要强大，只有强大了你才能真正地包容别人。这里的强大不只是知识能力的强大，更主要的是心理的强大。

同理，在事业的追求中，在工作的奋斗中，也要让自己强大。

当你强大了，你才会遇到比你强大的人；

当你优秀了，你才能与优秀的人共事；

当你将知识、能力变成智慧，你才能与智者同行。

人生发展需要不断的完善自我，只有不断地丰富自己，不断地提升自己的能力，完善自己的人格，才有机会观群山叠翠之美，才有可能包容别人。

2017年6月1日与儿子交谈中感悟

15

入冬爱冬

进入冬天，人的第一感受往往是冬的寒冷，让人印象深刻的是刺骨的寒风。

冬天过去，人们回忆的往往是冬的美景、冬的情怀、冬的故事，感受的是冬的美丽。

不同的人，不同的心情，对冬天的感受也不同；

悲观者怨冬天之冷酷无情；

乐观者谢冬天赐予无限美景；

懦弱者因冬的凛冽却步不前；

坚强者借冬的冷峻磨炼意志。

其实，冬的美因冷而生，那漫天飞舞的雪花、那皑皑白雪的银装素裹、那晶莹剔透的倒挂冰凌，都传递着冬天中美的信息。

人生亦如此，困难面前找出路，经历了，会忆起过往的美好。

涕丧无果，坚韧有宜。

人生如风筝，在逆风中飞翔，越飞越高；如小船，在大海中乘风破浪，驶向彼岸。

寒冷是温暖的先行者，困难是成功的引导者。

走过冬天就是春暖花开。

就像一首歌中唱到的"不经历风雨，怎能见彩虹。"

情绪在生活中非常重要。

如风筝飞舞，在牵挂中高飞翱翔；这种牵挂是亲情、是事业、是责任、是理想的力量牵引。

如小船扬帆，在东风里乘风向前；这东风是关爱、帮助、鼓励、鞭策的谆谆教诲。

认识春天的美，不忘春雨的辛劳；

体验夏天的热烈，不忘阳光的普照；

接受秋天的收获，不忘万物的付出；

感受冬天的美景，不忘白雪孕育着春的气息。

许多的成功都是用失败支撑起来的，放下心情，诚待一切，过往的困苦或将变成你快乐的源泉。

入冬爱冬，接受它的冷寒，赏享它的美吧，你会步入春天。

2016年11月22日初冬随笔

16

浅土与深土

土浅浅薄，土深深厚。

土浅苗生禾发得更快，由于它的浅薄，内涵的匮乏，不得不张扬自己，使自己获得更多的"阳光雨露"。

在人生的航程中，这种肤浅，为的是吸引更多的"眼球"；而这种吸引，只能使自己过早地枯萎，因为只懂借光，不懂丰富自己。

只想攀高，不能脚踏实地，会使自己的生存空间更加贫瘠。

深土中的植物，懂得营养来自大地。

植物生存的长久和健康，来自于孜孜不倦向大地深处汲取。

深土中生长的植物不会轻易地炫耀自己，它知道迎着太阳，获取雨露阳光；懂得扎根沃土，吸吮大地之营养；将天地的给予，变成自己向上的动力，让自己丰满健硕，变成参天大树。

人应如大树，汲天地之光华，养枝叶以茂盛，懂得谦和待人、丰富自己，才能成长。

这种内涵的丰富，所带来的是"目光"吸引，是谦恭、勤勉、完善自我的自然形成，它会让你如大树参天。

所以，做人做事，甚至在情感世界中选择时，不要张扬的虚无，而要在心灵深处执着、谦卑。

人生的道路上，懂得把深深挚爱融入做人做事之中，懂得在沃土的培育下丰富自己，懂得在阳光的照耀下奋斗、向上，你才会得到阳光普照的温暖。

扎根沃土，丰富自己，心底里的目标才可能会实现。

2015年9月10日教师节与志同者共勉

17

学会尊重学生

在新课程改革的今天，我们的老师都在追寻着、探索着。

新的教育理念无时不在广大教育工作者的脑海里翻腾着，人们都在探索着人的教育，因为我们教育的是人。

教师是人，我们教育的学生也是人，是人就有尊重别人或被别人尊重的权利。

但是，什么是尊重？学生需要怎样的尊重？要尊重学生什么？怎样才算尊重学生？

这些问题应如何认识、如何理解、如何去做，是我们应该去想、去分析的，正确了一劳永逸，错误了一败涂地。

前些日子，我从网上读到一篇"老师，我们不需要尊重"的文章，使我感触颇深。

文章中谈道："……在不久前到南方的一次全国性学习活动中，我接触到的一个国外教学实例使我忽然意识到：像尊重一个成年人那样去尊重一个孩子，对于他今后的发展该有多么重要。

于是，我计划根据目前学生学习的现状，在仍旧与学生们保持融洽关系的基础上，充分尊重学生个体的差异，废除一刀切的教学管理方法和强制式的学习任务。

在尊重学生的选择、激发他们的兴趣、培养其独立人格意识的前提下，进行恰当的引导，让学生们依据自己的实际情况来运用互联网学习。

让他们有依据自己的兴趣选择听课与不听课的权利，有依据自身的学习状况选择学习内容的权利，可以据情自己布置作业，依据自身的实际水平制定学习计划甚至决定考试内容。不再把分数作为评价学生的唯一标准，不再把强制性的命令作为完成学习任务的重要手段。

然而，让我始料不及的是当我把这个想法提出来与学生们商量的时候，大部分孩子们并没有表现出我预料的那种喜悦，在他们稚嫩的面庞上更多的是惊愕和与之年龄十分不相称的冷峻与怀疑。……

提出：'老师，我们不需要这样的尊重！只要能让我们的分数考得高高的，就是对我们最大的尊重，不管老师怎么对待我们。'……

结果是：'两班120名学生中，认为需要训斥、强制性学习而不需要老师这样尊重的占45%，这部分人中的67%是绩优生；在需要尊重的学生中，有52%是班级里的所谓差生。'……"

尊重即尊敬或重视之意。

至于教师对学生的尊重，首先是重视学生，重视学生的一举一动、一言一行，尊重学生的人格，与学生进行平等的对话和交流。

那么，学生需要怎样的尊重呢？

前段时间有位学生家长对我讲了这样一个故事：

他的女儿读初中一年级，学习很好，言语不多但很有个性，也很认真，在班里威信很高。但是，在她后排座的男同学整天调皮干扰她学习。

一天她实在忍不住了，给老师写了一封信，把事情的经过叙述了一遍。

最后问道："老师我是忍着？还是还击？请您告诉我。"

几天后，老师也以回信的方式给了这个学生一张字条……

学生打开一看只有两个字："还击！"

这位女学生顿时高兴地一蹦老高……

学生送信是胆怯，可能还带有一定的不信任；老师回信是尊重、是重视、是信任、是平等。

如果每位老师都能站在学生的角度去尊重、理解学生，站在学生的角度去分析、解决问题，我想学生是会要这份尊重的。

现在在新课程理念的"冲击"下，很多老师把自己所认为的开放、民主当成了改革的头等大事，当成了尊重学生的方法和手段。

于是就出现了这样的设计计划："在尊重学生的选择……让他们有依据自己的兴趣选择听课与不听课的权利，有依据自身的学习状况选择学习内容的权利……不再把分数作为评价学生的唯一标准，不再把强制性的命令作为完成学习任务的重要手段。"

这些只是尊重学生的一点点表象，不是真正的尊重学生。

真正的尊重是什么？要尊重学生什么？怎样才算尊重学生？

在人的自我意识中，被批评、被表扬、被关心都是人存在的潜台词，都是被重视了的表现。

学生只有被重视了，才有被尊重的可能；教师只有重视了学生，认真对待了学生，才能分析、理解学生，才有可能尊重学生。

所以就出现了下列的回答："我觉得你是表面上尊重我们，实际上心里很瞧不起我们，哪会有老师真正尊重学生的，你只是在跟我们玩罢了。"

"老师，这样的做法是对我们的尊重吗？我觉得在我们跟老师打招呼的时候，老师认真对待我们才是对我们的尊重。"

学生关心的是老师是不是"瞧不起我们"，是不是"注意我们、认真对待我们、真正重视我们"。而老师呢？要想与学生心心相同，要想了解学生、培养学生，必须重视学生。

只有重视了才能够发现问题，只有重视了才有机会分析问题、理解学生、找出解决问题的办法。

要尊重人，首先要学会了解、理解人。

"像尊重一个成年人那样去尊重一个孩子……"。那只是"像"，不是真正的"尊重"，因为有代沟，所以要理解、要换位思考。

要注意尊重学生的方式；

要注意理解学生心里所要的；

要注意无规矩不成方圆；

要注意在一定的环境内尊重的方式内容也是不一样的；

民主还需要集中，需要有一定的监督机制，不切合实际的民主只是一盘散沙。

教育教学中方式、方法的形式改变不是尊重，尊重学生人格才是真正的尊重，才是最重要的。

2004年3月

18

人无信不立

人无情不亲，人无心不求，人无信不立。

无情的人，做任何事情，与任何人交往，很难有亲和力，更会影响沟通能力。

无心的人，对事业不会有持之以恒奋斗的心态，人生中不会有太多的理想追求。

无诚信的人，做事无根、办事无信、与人交往不诚，时间久了将失去立足的位置。

工作的成功，是在心与心的交流、碰撞中得到信任后达到的；是在有心观察、思考生活和工作中的点滴、信念的追求中取得的。

诚信，是在心与心的坚持、坚守中，获得你、我、他的认可、肯定和信任。

人在世间行走，懂得与人交心，遇事追求，允诺兑现。

看准的人要与之坦诚交心，不可隐心不语；不能以己私利，降低标准处事，更不能不诚、无信，这样交友难有诚信很难交心。

人生的路上，总有坎坷；朋友间难免有误解。

友者朋也，兄弟也，交心万上。

在朋友交往中，不要为一时的得失而耿耿于怀，更不能为一时的冲动论友、论亲、论英雄。

脚踏实地用心做，以诚相待，以信为本，朋友总有明白之时，做事总有成功之机。

交心则"真"，有心则"善"，信任则"美"。

诚信不是简单的承诺，真心应事、有心做事、诚信成事，诺言就会实现，事业就会成功。

2016年10月25日于蓬莱随笔

19

敞开你的心扉吧

当你感到委屈无助的时候，当你内心的苦恼无法宣泄的时候，不管多么美妙动听的音乐，在你的耳中也只是嘈杂无趣的；多么爽朗可亲的笑声，在你的耳中也只是刺耳的、无味的喧闹；在你的眼中，也看不到生活的美好。

你这时的心啊，潺潺的流水、朋友的劝慰，都会变得可憎可恶、苍白无聊。

因为你芬芳的心扉已经关掉，拒绝接受美好。

当你认为命运对你不公的时候，当你陷入极端，无法自拔的时候，你的心态使然，你不能看到处处盛开的娇艳而美丽的花朵，你不能看到蓝蓝的天空上白云飘。

你这时的心啊，明媚的阳光、对生活的憧憬，都会变得黯淡无光、前途渺渺。

关掉的心扉，听不到歌声的美妙，听不到甜蜜的细语，更听不到快乐的心跳；关掉的心扉，看不到绿草盈盈，看不到鲜花婀娜，更看不到阳光灿烂的微笑。

当你丢掉委屈的时候，当你敞开心扉忘记烦恼的时候，你会听到鸟儿的歌唱，你会听到爽朗的笑声回荡。

你这时的心啊，嘈杂的声音，纷乱的脚步，也会变成美妙的乐章涓涓流淌。

因为你快乐的心扉已经开放，已经放飞美好。

当你正视命运的时候，当你轻装笑语踏上征程的时候，你会看到雄鹰在飞，你会看到路边的绿草在向你招手，鲜花在向你微笑。

你这时的心啊，黯然的黑夜，淡淡的叹息，也会变成深沉的情歌温柔妖娆。

因为你快乐的心扉已经开放，已经放飞美好。

敞开你的心扉吧，去迎接笑脸，去拥抱友情，你将看到鲜花满地春天真好。

敞开你的心扉吧，去迎接阳光，去拥抱大地，你会感到天地神奇，人间美好。

2011年1月27日11时作于烟台

20

让心灵中有一棵树的种子

在中央电视台《赢在中国》的节目中，俞敏洪曾说："人的生活方式有两种，第一种方式是像草一样活着，另一种是像树一样的成长。"

他说："当你是地平线上的一棵小草的时候，你有什么理由要求别人在遥远的地方就看见你？即使走近你了，别人也可能会不看你，甚至会无意中一脚把你这棵草踩在脚底下。"

当你想引起别人注意的时候，你就必须变成地平线上的一棵大树。

如果，你的心灵是小草的种子，你就可能只是一棵小草。

如果，你的心灵是一棵树的种子，就算被人踩到了泥土里，你早晚有一天会长成参天大树。

不管你是白杨树还是松树，人们在遥远的地方都能看见在地平线上成长的你。

当人们从你身边经过的时候，你能送他们一片绿色、一片荫凉，他们能在树下休息。

因此，你要努力成为地平线上的一棵大树。

而当你是草的时候，你没有理由让别人注意到你。

如果，你变成了一棵树，即使在很远的地方，别人也会看到你，并且欣赏你，远处看来你是一道风景，即使死了也是栋梁之材。

所以，我们每一个人，都应该像树一样的成长。

即使我们现在什么都不是，但是只要你有树的种子；即使你被踩到泥土中间，你依然能够吸收泥土的养分，自己也能成长起来。

当你长成参天大树以后，再遥远的地方，人们就能看到你、也愿走近你，你能给人一片绿色。

活着是美丽的风景，死了依然是栋梁之材，活着死了都有用。

像大树一样活着，这是俞敏洪的观点。

我认为，在教育工作中，我们应教育学生在心灵中，种下一颗树的种子，像大树一样活着，为人们送去丝丝清凉，为社会贡献一份力量。

也应学会像小草一样活着，即使渺小，也会给人们以松软舒适的感觉，学会包容和承受，给大地以绿色。

学生应树立远大的理想，像小草一样活着，学会包容和承受，给大地以绿色无怨无悔；像大树一样活着，有忧国之心、报国之志，活出自己的风景；这也是我们对每一个同学做人标准和成长目标的期望。

让学生既能在心灵中种下一颗树的种子。也能像小草一样，学会包容和承受。像树的种子一样，借机深入土壤，学会等待，学会吸收阳光雨露，不断汲取大地的营养，等到一年，两年……甚至许多年后长为栋梁之材，谦虚、豁达、坚持、奋斗。

要坚定信念，让心灵中有一棵树的种子，让我们努力像大树那样，有树荫、有美景，成为栋梁之材。

2008年6月

21

水的精神

俞敏洪曾说：每条河流都有一个梦想——奔向大海。

长江、黄河都奔向了大海，方式不一样。

长江劈山开路，黄河迂回曲折，轨迹不一样，但都有一种水的精神。

水在奔流的过程中，如果沉淀于泥沙，就永远见不到阳光了。"

生命是一条河，要保持永远的流动。

河流中有两种成分，一种是泥沙，一种是水；河是水的载体，水是河流动的动力。泥沙能在水的冲刷中向前，也能在水的流动中沉积谷底。

人生的路上，不要把自己变成泥沙，变成泥沙，你的生命就会沉淀下去，生命就会永远停滞，永远完成不了你的人生目标。

如果你是水，也不要只是做井底的水，贪图安逸、不见阳光，找不到人生的方向，看不到生命中辉煌的时刻。

要有水的精神，要像河流中的水一样有自己的梦想——流向大海；像河流中的水一样，奔流不息、勇往直前。

生命是一条河，每个人都有人生的目标和理想。

当你的人生长河有了远大目标，河流中的"水"就会灵动向前。这个人生就会有与你相伴的"河床"，这个 "河床"就会载着你的"理想之水"奔向远方，奔向希望。

2008年10月

22

人生的交响

人生的路，就像交响乐，永远是开始的乐章。

每一个开始的乐章，就是一个个高潮迭起的继续；每一个继续，又是一个新乐章的开始。

昨天的起程，永远会在不经意中走过千里；今天的旅程，又会在黎明中从零始发，将人生的乐曲奏响。

简单的生活就像一首歌，在悦耳的旋律中叙述着青涩，揉搓着甜蜜；在间奏和尾声的旋律鸣响中，延续着生活情调和人生轨迹；音乐高潮的叠起，又会激荡起心的层层涟漪。

简单的生活，有时会温柔抒情的诉说，有时会深沉低声的吟唱；然而这只是生活中的小情调，只是人世间冬去春来的自然更替，也只是平淡人生的必然。

当你的人生如交响乐奏响，当你人生的每一段经历，都有了合作共进的管弦和鸣，都有了坚持奋斗的奏鸣曲式、回旋曲式华彩乐章；当你将人生中的阅历组合成能量，更多的生命主题，将会在交响乐队的演绎中相聚相交，争相唱响，你的生活，就会丰富快乐，你的人生道路，就会出现管弦和鸣的华彩乐章。

当你人生的交响在各个声部的交错和鸣中，变成丰满的羽翼起程飞翔，你将所向无敌，人生的花朵就会开得足够斑斓，足够精彩，足够辉煌。

2008年4月

23

信徒

　　信徒，指信仰某一宗教的人，也泛指信仰某一学派、主义或主张的人。

　　信徒，有宗教信仰上的追随；有政治信念上的追寻，是一众人对某种理想的结伴同行。

　　从词义字面上看，"信"诚实，不欺骗：信用、信守、信物，不怀疑，认为可靠：信任、信托、信心、信念，崇奉：信仰、信徒。就是信服、信任、相信、诚信等等；"徒"步行：徒步、徒涉，从事学习的人：徒弟、徒工、学徒、师徒，同一派系或信仰同一宗教的人：信徒、教徒、党徒，就是跟随、跟从等等的含义。

　　我的文字分解是，"徒"，双人旁组字为"从"，有跟从的意思；"信"是由于一个人的言论，而产生了对"他"的敬仰。

　　当敬仰、信服、崇拜"他"时，就会有跟着他走和与之一起奋斗的同伴，这个同伴就是"信徒"。

　　从我国古代的私塾教育，到西方的教会教育，教育的目标是——传道、解惑、教化思想。

　　现代的学校教育也有这样的功能；

　　发展到今天，由于政治经济等方面的发展，学校教育也随着社会的发展、科技的进步，将更多的知识、技能引入学校教育，滋生了重理轻文、重知轻德的现象，从而也造成了学校教育目标的缺失。

不要忘了，学校教育重在育人。

万事德为先，育人是学校教育第一位的任务，也是根本任务，一个人没有了德，一切都等于零。

学校教育的重点是养成教育。

幼儿园教育，是行为规范和生活习惯的养成；

小学段教育，是道德规范、生活习惯、学习习惯的养成；

初中段教育，是道德规范、生活习惯、学习习惯和观察、思考能力的养成；

高中段教育，是在道德规范、生活习惯、学习习惯养成的基础上，明确价值取向，提升观察、思考、分析、解决问题、创新发展等能力；

大学阶段的教育，也是把道德、人生价值取向放在第一位，再就是对新知识、新领域的探究能力和创新能力培养。

从各学段的教育目标看，道德规范永远是第一位的，这是育人的根本，也是教育的根本，更是国家、社会稳定发展的基石。

学校教育应在学生品德教育方面做好长远规划，在各学科中渗透教育的根本——育人。

教师是人类灵魂的工程师，是学生人生道路的领路人、知识海洋的领航者。

教师要想让学生对你产生信服、崇拜的敬仰之情和敬畏之心，就必须丰富自己，端正自己的行为，做到德高望重。

因为"信"则从，因为"德"则敬。

做一个合格的人民教师，让学生对教师有产生崇拜和遵从的条件和行为，学校教育就成功了。

2015年1月7日于烟台

24

小议中小学艺术教师的自身建设

音乐、美术教师是学校艺术教育的实施者和实践主体，是实施美育，塑造完美人格的"灵魂工程师"。

中小学艺术教学的目的并不是让学生会唱几首歌，会画几幅画，也不是培养音乐家和画家，而是从素质教育的立场出发，以歌唱、绘画、艺术鉴赏等教学活动为手段，培养学生综合的审美素质，包括审美理想、审美趣味、审美能力等。

艺术教师能否站在美育的高度和一定的审美修养层次上来施教，决定着学生能否从艺术类课程教学中真正受到美的熏陶。因此，艺术教师的自身建设对当前推进素质教育改革，做好美育是十分重要的。

以吾拙见，目前，我们艺术教师队伍需要加强的大体有以下几个方面：

一是专业技能。艺术学科的实践性很强，学生必须通过创作、掌握技能、欣赏等艺术实践活动，才能掌握它的知识与技巧。因而教师的专业技能水平，是学生学习兴趣的关键，教学过程中教师示范的好坏，直接影响着学生的学习兴趣。

现在有的艺术教师专业技能单一偏科严重，会唱歌的弹琴不行，会弹琴的不会唱歌，会书法的不会绘画，会国画的不会油画，更有甚者（特别是偏远地区的学校）不会唱歌、不会弹琴、不会书法、不会绘画，竟然也给学生上音乐、美术课，教师讲不好，学生也不愿意学，这样一来如何让学生得到美的熏陶，如何让学生全面发展，如何开展丰富多彩的文艺活动，这些都是问题。

音乐、美术学科专业性非常强，它不同于其他学科，它需要熟练的专业技能作保障，没有专业技能就没法上课，就不能很好地在学生面前传递美、展现美。所以，艺术教师必须重视对专业技能的自我进修和自我完善，为了我们的学生，做一名真正的艺术教师。

二是专业理论基础。所有的艺术教育工作者都必须能够识别和理解各种音乐美术作品所运用的创作手法，评价创作手法的情感效果，描述音乐中所运用的音响意义，美术作品中所运用的点、线、面，色彩意义。所以，音乐美术教师必须具有坚实的专业理论基础，它包括音乐理论知识、美术理论知识、艺术教育学和艺术心理学等内容。

目前，从教师对正确的发声方法、绘画技法的解释和指导，到音乐美术基础理论的讲解和提示；从教师对教学目的和教学重点、难点的设定，到学科间渗透和对学生创新思维的培养等等，都存在一系列应该也必须解决的问题。

大学毕业只是学习的开始，不是学习的终结；更多的需要在实践中体会掌握。

在信息社会的今天，不学习知识就会落伍；没有探究思维就会僵化，不追求观念更新与时俱进就会落后；只有不断地学习新知识，更新观念，拓展知识面和视野，才能做到教好学，才能培养出栋梁之材。

三是审美修养。中小学艺术教育的目标是培养学生的审美能力。审美修养，它包括音乐美术专业知识、美学知识，以及与此相关的哲学、文艺学、伦理学、心理学、艺术与社会、艺术与生活等方面的知识内容；艺术教师在教学中既是审美的主体，又是审美的对象；教师的服饰、仪表、语言、动作、表情、气质等都是构成学生审美情趣的中心，在课堂教学中都应具有欣赏的价值。

美的服饰应是大方、得体、富有时代气息的；美的仪态举止应是端庄、文雅、自然的；美的语言应是准确、生动、形象，有逻辑性、有节奏感、有丰富的专业知识和文化知识的；气质是教师人格和个性的外化，体现着教师文化、艺术、审美修养的鲜明个性。

教师只有把教材中的美、自我的个性美和生活中的美三方面结合起来，教学中才有较丰富的审美知识量，才能有效地激发和提高学生的审美情趣，达到艺术教育的目标——审美。中小学艺术教师，应根据自身的情况，加强自身修养，提高审美水平，以适应艺术教育教学工作的需求。

四是能力与修养。苏霍姆林斯基说过："能力、志向、才干的培养问题，没有教师的个性对学生个性的直接影响，是不可能实际解决的。能力只能由能力来培养，志向只能由志向来培养，才干也只能由才干来培养"。

艺术教育的目标不是简单的音乐美术学科知识教学，是培养学生成为道德高尚、知识丰富、体格健康、心灵美好的全面自由发展的人。这样的人应当是心理健全、性格完美、个性和谐发展的一代新人。作为艺术教育工作者，音乐、美术学科的教师也应该是心理健全、性格完美和个性和谐发展的人，这样才能真正培养出有道德、有理想、有文化、有纪律，德智体美劳全面发展的社会主义建设者和接班人。

音乐、美术专业特点，也使音乐美术教师往往直接成为受教育对象的表率与楷模。因此，音乐美术教师对于自身的心理品质、个性特征和综合能力，应予以特别关注。

五是现代的教育思想。教师的教育思想对他们的教育态度和教育行为有显著的影响，也就是说，教师的教育教学行为是在教育观念的背景下展开的。

不同的思想观念支配不同的行为。有什么样的教育观念就有什么样的教育行为。

我们教师的教育教学观念必须"从偏向少数拔尖学生向面向全体学生转变；从单纯追求学科知识水准向追求人的全面发展转变；从教育和社会脱节向紧密联系社会的生产生活实际转变；从强化竞争的教育到以合作为基础的教育转变；从以教师为中心的模式向以学生主体参与为中心的模式转变；从过多的统一要求向追求教育的多样化、个性化发展转变。"必须不断吸收和学习国内外先进教育理念，丰富自己，以适应现代教育工作的需要。

另外，音乐美术教育教学中的各个环节，都是为音乐美术学科教学服务的。音乐美术课堂上，一个活动、一项表演、一个创造等等，这些教育活动其目标都是为了让学生更好地欣赏音乐美术作品、学会审美。

六是要有大教育观。音乐、美术教育教学工作，不是简单的教授音乐、美术学科知识，让学生学会审美，更重要的是学会利用音乐、美术学科教学来传播文化和思想。

从专业角度讲，作为一名音乐或美术教师，是不能简单地定位的。

第一，你的专业水平很难与专业团体的专业人员相比，因为，你是一名教师，不是专业演员、专业画家。

第二，师范教育的目的，不是培养专业人才，而是培养"多能一专"的教育工作者，要适应教育内容的多元性和复杂性。

第三，教学是根据学生的性格特点、认知角度、生活环境、兴趣爱好进行的，教师必须根据学生的基本情况，以自己所学知识有针对性地进行教学活动。

第四，教材中的教学内容纷繁复杂，以一种专业技能进行教学，很难完成教学任务，必须勤于学习、重视积累，丰富自己，提高业务能力和教学水平。

从社会角度讲：教师，首先是生活在社会上的人；其次，才是一名教育工作者；再其次，才是一名学科专任教师。

教师的任务是"教书"的同时，更要"育人"；"育人"才是一个教育工作者的最高使命。要学会利用学科教学，传播文化和思想，教育学生学会做人、回报社会。

艺术教师是整个教师队伍中的一个有机组成部分。随着学校对美育越来越重视，育人目标的逐步明确，艺术教师的作用也越来越受到重视。人们认识到，艺术教师不仅是人类社会文化传承和发展的一支不可缺少的力量，而且更是培养人们感受美、鉴赏美、表现美、创造美，实施审美教育，塑造完美人格的"灵魂工程师"。

广大的中小学音乐美术教师应找准自己的位置，加强自己的专业、文化修养，认真学习先进的教学经验和方法，勇于探索，大胆创新，多出成果，把学校美育真正落到实处。

发表于《音乐天地》2008年6月（总第458期）

25

"声望"词解

闲来读书，观汉语词汇之精妙有感，自悟析意，与各位共享。

汉语之精妙在于字意、词意。理解的角度不同，所含寓意的深度也不同。

"声望"的词义解释：为众人所仰望的名声。

苍在朝数载，多所隆益，自以至亲辅政，声望日重，意不自安，上疏归职。——《后汉书·东平宪王苍传》

我认为，如果将声望一词分解开来，就是：

声——为"官声"、尊者之声，是来自上层的声音；

望——为"民望"、百姓之声，是来自下层的声音。

为政者可界定为"官声"与"民望"。

"官声"主要是来自上层的声音，是上级的评价、尊者的认可，很有分量、非常重要。

"民望"主要是来自下层的声音，是群众的眼光，群众的呼声，影响也很大。

二者合起来，就是从政者的"声望"，就是为官的声誉。

为政者，有"声"无"望"，不懂得了解民情民意，为民做事，不会有好的声誉；

有"望"无"声"，没有政治思维，弄不懂政通人和，没有原则，情大于法，这个"民望"只是"情"，没有"理"，亦不会有有好的声誉。

为官一世，讲政治、有原则、敢担当、体民情、顺民意，就会有"声望"。

2007年6月

26

寻找自己缺点的机会

你生气，是否因为自己不够豁达？

你怯懦，是否因为自己不够自信？

你焦虑，是否因为自己不够从容？

你悲伤，是否因为自己不够坚强？

你怨恨，是否因为自己不够阳光？

你嫉妒，是否因为自己不够优秀？

每个人，每一次烦恼的出现，往往都只是沉浸在自己的情绪之中，怨天尤人；把自己的利益想得过重，主观地臆断自己的得失，把为什么会是这样，强加在"别人"的身上，不去客观地分析出现这些问题的原因。

其实，每一次烦恼的出现，都在给我们一个寻找自己缺点的机会。

如果我们以豁达的心态，客观地看待一切、分析原因，淡然处世，就会忘掉自己的烦恼，就会将自己的缺点和不足改掉，使其变成成功路上的基石，一步步走向辉煌。

不要把人和事想得太复杂。

把人想得复杂了，就会失去朋友，失去合作者，失去人生路上的引领者、支持者。

把问题想得复杂，自己就会产生烦恼，烦恼的产生就会制约自己的发展。

心简单，世界就是童话；心复杂，世界就是迷宫。

放下心态，放松自己，让自己从内心深处解放出来，将会出现人生的精彩。

快乐像滚雪球，越滚动，快乐越多。

世态与炎凉相连的原因是：你自私的心的涌动。

生气，就不能理智，不理智就不能理解别人，更无法宽容别人。

怯懦，就不会自信，不自信就不敢行动，工作就不会做好。

焦虑，就不能从容，不从容就会出错，做事就不会成功。

悲伤，就是不够坚强，就会有悲观的心理，悲观的心理找不到自己的优势和走向成功的路径。

怨恨，是心里阴暗的自我在作怪，心里的阴暗，不会有阳光的普照，更得不到阳光的温暖抚慰。

嫉妒，是心胸的狭小和自我价值失判的反映，看不到自己的缺点和不足，只看到比自己优秀的人的获得；有嫉妒心理的人，永远不会有真正的朋友，永远不会得到人生价值的体现。

心小了，所有的小事就会变大；心大了，所有的大事都会变小；看淡世事沧桑，内心安然无恙，是成功、是快乐的源泉。

2014年5月7日

27

懂得交心

人类社会，是情感的社会；情感社会，需要的是心与心的交流和沟通。

无情的人，难有亲和力和沟通能力，不会有心心相印的朋友。

无心的人，对事业的追求不会执着，对朋友的友情和真心也会无心拥有。

无信的人，没有朋友，与朋友相处时间久了将失去立足的位置。

人际关系是在心与心的交流、碰撞中得到信任的，是有心观察、思考生活和工作中的点滴，在诚实、守信的信念追求中取得成功的，诚信就是在信念的坚持、坚守中获得你我他的肯定和信任。

人在世间行走，要懂得与人交心，遇事追求允诺对现。事事处处与人坦诚交心，有误明示，不可隐心不语；事事为我，虚情假意，不守承诺的处事，没有诚信，交友很难交心。

交心则"真"，敞开心扉与人交往，情则真，意更浓；

有心则"善"，做有心人与人交往，事则成，路更宽；

诚心则"美"，用真诚之心与人交往，信则立，心灵美。

诚信不是简单的承诺，真心接事、有心做事、诚信成事，诺言就会实现，事业就会成功。

学会交心，懂得交心，会有永远的朋友。

2016年10月25日于蓬莱随笔

28

路

路有万条，事有千件，人有百思。

不管是人的思，还是万条路，都有终结的点；关键问题是达到目标的方法与心情（境）。

以路为例，路可以分为：

小径——有曲有直，曲径通幽；

山路——崎岖、有上有下、有曲有直；

大路——平坦、宽广，虽有曲直，行路容易。

小径之路：幽、意、境一体，看的是景，走的是情；有悠闲、无争、包容、寻觅之心，方有景中意蕴之感。

山路：崎岖景奇，需费力，是跋涉的路；行走时必备的是费力与坚韧。有争先之气，坚韧之心，方可达到路的尽头。

大路：平坦，景情阔绰、宽广、路途遥远；预想达到终点，需工具（车）载体代步。

人生路上——智慧是路上的利器。有智慧再加上悠然之心，坚韧之力，才能先于别人到达终点，这也是实现人生目标的关键。

小径之路如童年之时，淡名利，才能品景意。

山路之路如青年之时，坚韧奋斗向前，才能找到人生发展的大路。

大路是成功者飞驰之路，这里需要的是智慧。

大路如中年之时，走过小径，翻过山路，事业有成踏上康庄大道。

人生发展的高度与智慧是分不开的。

在人生的道路上，智慧就是交通工具；

聪明的人，工作中多战术思维，针对问题寻找捷径，但需要努力，需要不断地丰富自己，才能成功。

小智慧者，工作中有通盘规划和达到目标的坚韧品质，有长远的打算和脚踏实地向前看的能力。

大智慧者，工作中有大局意识，多战略思维；懂得取舍，有拿得起、放得下，轻装上阵的本领，这是智慧所然，这是真正的智者。

厚德，善思，博学，包容，是智者的品质。

2014年9月22日凌晨于烟台

29

自信的前提是自知

在日常生活中，经常会见到害怕表现自己和时时处处刻意表现自己的两种人。

第一种人——害怕表现自己。

害怕表现自己的人，遇事总是说"我不行。"

这种人，首先，不能正确地看待自己，不知道自己的优点在哪儿；其次，思想顾虑太多，怕别人说自己不好、不行，过于重视别人对自己的看法，总是活在别人的眼睛里。

这种心理的产生，主要是不自信的表现，总是怀疑别人看不起自己，重点是爱面子的强烈虚荣心驱使所造成的。另外，学业不精，自知、自省、自强的动机不足，阻碍了自身价值的形成，失掉了发现自身优点的机会。

这种心态会影响丰富和提升自己能力的主动性，会造成自己更大的不自知、不自信。

另一种是自我感觉良好"自信"满满的人。

这种无自知而"自信"的人，好表现，任何场合总是以我为中心，不管别人的感受；时时处处只从自身的利益出发，争强好胜，不明白自身的优点和缺点；漫无目的地把自己的能力无限放大，生活在自我的世界里。

这种没有自知、不懂自省、过于自信的人做事时，会让人看不上、瞧不起，做事成功的机会很少，究其原因"没有自知之明"。

一个人自信是好的，但自信需要先自知。

知道自己的长处与短处，了解自己的优点与缺点；懂得如何吸收别人的长处来补自己的短处；再需自明，明白如何丰富自己，展示自己的长处，且不可不自知、不自明。

那种没有自知的盲目自信是无知、无能的表现，那种唯我独尊自高、自大、高人一等的自信，是会被别人看偏的，会毁掉自己的。

有了自知才有机会成长，才有可能超越自我；超越了自我，你才能有自信。

自知会使人产生自省，自省会使人知道自强，自强会使人产生进取的动力；有了动力才有可能更好地让自身的知识丰富和能力的提升，有了能力才会有更自信的表现。

所以，自知、自省、自律、自强，谦和待人、无私无畏是人生自信的基石。

2017年11月30日

30

人生·角色

在戏剧中有很多的角色：主角、配角等。

现实生活中也有主角和配角，以及旁观者和喝彩者。

要想让自己成为"角"，就必须努力在人生"舞台"上挥洒自己的智慧、汗水和热情，不要做旁观者和喝彩者；因为，旁观者和喝彩者永远是不可能登上"舞台"的，更不能在人生舞台上成为角色。

人生路上，越是黑暗时，越不能熄灭生命的灯盏，越要点亮人生方向的航标灯；

顺风时适合在大海中扬帆起航，逆风的方向更适合飞翔。不怕千万人阻挡，就怕自己投降。

剧本和小说中的"角"，特别是"主角"的人生之路，都是曲折与坎坷、艰难与成功、悲伤与喜悦并存的；摆正位置，调整好心态，加上不懈的努力，你就会成为人生舞台上的"角"。

你的工作岗位就是你的舞台，只要你肯认真去做好工作中的点滴"小事"，你就会成为"角"；即使是配角那也是"角"，永远不要把自己塑造成旁观者和喝彩者。

你的人生角色和人生精彩要靠自己把握，只要摆正位置，乐于奉献，坚持不懈，勇于开拓，你就会成为"角"。

2015年7月18日读友人微信有感

31

不争是争　争是不争

不争是争，争是不争。

争未必得到，不争未必得不到。

争得到未必是好事，争不到未必不是好事。

争与不争的得到，好的结果是因为积淀和不懈努力，坏的结果是是因为不足和不该。

争与不争，需要的是坦然处之，分清主次轻重。

为事业而争，为人民的利益而争，是值得赞赏和钦佩的；为一己私利而争，没有理由的争，只会被别人看扁。

舍得、舍得，舍就是得，得就是舍。

人生事事在缘，缘在有心，只要有心，争与不争有多重要？

关键是争到的，要珍惜，要做到超越自我，再接再厉为理想、为事业、为人民去奋斗，这样就会将争到的，变成不争的得到。

不争的得到，更要珍惜，要做得更好，要以大爱的情怀，为民族、为国家、为人民做出贡献。

争来的东西，为己心不宽，应为公而为之；

不争而得的东西，为己心亦应不足，更应为公而奋之。

事事为己，争与不争没必要；

事事为公，争与不争不重要。

宽心待一切，淡然处世事，只要有众生之心，足矣！

2016年4月12日有感

32

目标

每个人在生活中，都有自己的目标。如身体的健康，家庭的和睦，儿女的成才，经济的稳定，生活的富足等等。

人生奋斗的路上，也有学习的进步，工作的诚心，事业的成功，人生价值的体现等。

在人生的道路上，目标是引导人们前进的动力和灯塔，而目标的设定也是一个人人生轨迹的构思和设计。

生活目标每个人都有，这种目标解决的是温饱、健康、富足、和睦。

一个人的人生目标，是在生活目标的基础上，通过学习目标、工作目标、事业目标来实现的。

学习目标，重点是学生时代的目标，是以学习知识、养成良好习惯、提升思考和创造能力为目的。

同时也有在工作和事业追求的过程中，查漏补缺，不断丰富自己的学习目标。

学习目标是工作目标的基础，完成了学习目标，工作目标才有可能到达理想的彼岸。

工作目标，是工作阶段的目标。是人生发展、人格形成，走向辉煌人生的关键期。

工作目标，有工作中各个项目目标，有阶段性的奋斗目标，一项一项的工作目标，再加上每个阶段的目标，组成人生的事业目标。

事业目标，是人生追求的目标，也是为之奋斗的目标；它是实现人生目标的强大动力和有效途径。

人生目标，是一个人一生奋斗、发展的宏大工程。

学习目标、工作目标都是它的阶段性和时效性目标，是实现人生目标的前提。

事业目标，有与人生目标相似的规划和不懈的追求的因素。

人生目标有其前瞻性、战略性、永久性。

只有完成了不同阶段的目标，才能达到人生的终极目标——人生目标。

2014年9月21日晚10时于烟台

33

启迪智慧　读懂人生

"读万卷书，不如行万里路。"这是我们经常挂在嘴边的一句话。

试看当今学子们，在书本叠层之海洋里挑灯夜读，生怕时光流逝的早起晚归，不经意中挤占了学子们的思考和生活的体验。

这种的学习，有多少时间让学生"见多识广"，又有多少时间让学生品味当下、借古思今？

行万里路有益，读万卷书也有益，问题是，学生的学习有像老牛一样反刍消化学习的思考机会吗？

同行者共走万里路，同学者也读万卷书，为何别人能成功，我却一事无成？

无它，在于是否思考，在于能否达到思考的深度与广度；在于是否能行万里路，在于行万里路的实际体验和理解感悟。

学多不思，就不能启智；不多思就不能博学。

见多不想，就不能识广；识广而不深究，就不能睿智。

没有生活体验，再多的知识也会无用；不懂生活真谛，再行万里路，也是徒劳。

清朝的学者张潮在《幽梦影》中有言："能读无字之书，方可得惊人妙句。"

"无字之书"是什么？是生活。

读懂生活之"无字之书"，需要的是知识的丰富，更需要的是对生活的"悟"，悟是思考后的产物。

教育，教会学生所学知识不是目标，更多的是需要我们教会学生学习、思考的方法。教会学生——在知识学习中认识生活，在生活实践和体验中理解生活，在学习和生活中思考和品味人生，悟道前行。

读书、行路都需要思考，都需要体悟，然而，我们给学生思考的时间和空间了吗？

我认为：教育无它，只要让学生在读书和行路中学会思考，成功之路必然畅通。

教育的目标就是——启迪智慧，读懂人生。

2016年11月9日于济宁读朋友推荐
《一个人见没见过世面，看这两点就够了》一文有感

34

舍得

舍得、舍得，舍就是得，得就是舍。

"舍"，舍弃的是人生的悲哀和困苦。

"得"，得到的是人生的坦然、淡泊、成功和快乐。

纠结的时候需要"舍"，舍弃的是不必要的烦恼和心痛；奋斗的时候可以"得"，得到的是成功的喜悦和成就。

人生路上，舍与得是同行的，并存的。

得到了，永远会生成心理的满足，这里有私心欲望实现的窃喜，也有奋斗路上成功的喜悦。

舍弃了，既有生活之无奈，又有处世之坦然；有时舍弃的轻松与喜悦，比得到的喜悦，在人的心里保持的更长、更久。

懂得舍与得，是人生成功的条件。

生活中，成功与失败总是结伴而行。

任何人要学会包容失败，学会以舍得之心看待成功与失败。不管是领导，还是我们，都要学会理解和包容他人、下属工作中的失败，自己也要正确对待这种现象；要学会总结和整改，更要敢于失败，也要敢于允许他人失败，这就是大"舍"。

工作的创新与发展，重在总结经验，懂得取舍，懂得改进；要学会把成功和失败的经验、症结找准，总结好，并做到"舍"之有理、有利，懂得坦然处之；"得"之成功，需继承、发展、创新，快乐应对未来。这样才有利于工作的创新和质量的提升。

　　创造性的思维大多是在失败中获得的。正视成功和失败，就要学会舍得，学会舍得，就会心情愉悦、快乐。

　　有趣了，心就不累；

　　看开了，心就不烦；

　　明白了，心就不痛；

　　淡然了，心就轻松、快乐。

　　潮涨也好，潮落也好，只是月圆月缺的周而复始。

　　人生也是如此，悟道在心，得道在德。

　　坦然阅世间之千姿，谦和待众生之百态。

　　把给予和济世作为自己的行动目标和人生目的，人生就会看开，就会明白，就会有趣，就会淡然，就会快乐永远。

　　　　　　　　　　2014年11月28日于菏泽听课有感

35

情绪是最好的朋友也是最大的敌人

一个人生气了，情绪就会失控，就不能正确判断事情的真伪、对错。

就会大喊大叫不顾别人的感受，滋生不必要的麻烦。

遇事焦虑、悲伤、怯懦，是不够从容，不够坚强，不够阳光。

看事常常嫉妒，是自己不够明智，不够优秀，心胸不够豁达。

一个人每一次情绪的变化，都会影响工作的进程。

生气，是人生交往中不能控制情绪，不够大度的表现。

不能控制情绪的人，往往是心里不够健康，遇事不够冷静，自己不够强大，不能理解、包容别人。

要想强大必须在知识、能力、做人等方面有出众的表现，必须有豁达的心胸，必须是优秀于别人；只有自己强大了，才有包容别人的条件。

每个人，每一次烦恼的出现，往往都只是沉浸在自己的情绪之中，怨天尤人；把自己的利益想得过重，主观臆断自己的得失，把为什么会是这样，强加在"别人"的身上，不去客观地分析出现这些问题的原因。

真正能控制自己情绪、内心强大的人，是自信的、有自尊的，是遇事从容的、坚强的、有尊严的。

有焦虑，在工作中就会不够从容，不从容就是准备不足；做任何事情准备不足就会产生焦虑的心理，心里焦虑就不能从容的对待任何事情。

悲伤，是因为遇事不够坚强，经历的挫折少、心理脆弱，承受力不足，承受力不足就会产生悲伤的情绪。

哭泣不代表脆弱，它代表你真的在乎。既然在乎，就应该坚强。

怯懦，是因为不够自信，是心里不够阳光，是没有敞开心扉，心扉不敞开就会怯懦、惆怅。一个人自信了就会阳光，敞开心扉，放松自己，自身的潜在能量才会释放出来，就会让人看到你健康、阳光的一面。

人是一个经验体，既有感性的一面，也有理性的一面；情绪的变化是会传染的，你对别人笑，别人也会对你微笑，多一点微笑，多一个朋友。

一个人的尊严来自于实力，没有实力难有尊严。真正强大的人是自信的，但自信过了就可能产生自负；自尊是好的，但自尊过了就可能产生自大。

当自己有价值时，才有人重视。

有嫉妒情绪，是因为不够优秀，摆不正心态，好高骛远；要读懂自己，了解自己的实力。做任何事不要先想自己有多大本事，把事情先做好，自然会有人看到你的本事。

对手的存在，对你而言是一种幸运。因为这会使你更强大，前提是要尊重对手。

做人要大方、大气，不放弃！世界上没有绝对的公平，心中平，世界才会平。

心情会影响工作的成绩和人际关系。人生定位在于读懂自己，要学会了解自己的情绪、控制自己的情绪、利用自己的情绪。

敢于直面困难和挑战，是自信，是一种能力的体现，是走向光明和幸福的开端。躲避只会让自己心里纠结、埋怨，只会留下遗憾。

情绪是最大的敌人，也是最好的朋友。

拿破仑曾说过：能控制好自己情绪的人，比拿下一座城池的将军更伟大。

2014年7月与蓬莱的老师们交流中所想

36

快乐是一种能力

小时候，"快乐"是一件简单的事；长大后，"简单"是一件快乐的事。

社会很单纯，复杂的是人。复杂会造成浪费，而效能则来自于单纯。

生活中，有聪明、智慧、高尚、幸福这四种人，这四种人有四种对快乐的态度。

聪明的人寻找快乐、智慧的人创造快乐、高尚的人奉献快乐、幸福的人享受快乐。

走弯曲的路，可以看到更多的自然景色；走坎坷的路，可以看到、感悟到更多的心中风景；走陌生的路，可以看到别人看不到的心中风景和自然景色。

只要你用心，不管你面前的路是怎样的，都会发现美景；只要你快乐，你会感到美丽的风景无处不在。只要坚定信念，你就会成功。

生活是删除昨天的悲伤，复制今天的快乐，还原儿时的天真。

人生的最大幸福，不是命运赐予了你健康、财富，而是你能从短短的几十年光阴中体验到快乐。

快乐是要挥洒的，不是存储。

美味存储久了会腐烂变质。

快乐像滚雪球，越滚动，快乐越多。心里常释放快乐，我们会更快乐。

授人玫瑰，手有余香。

当我们把快乐挥洒分享时，就会觉得这个世界轻松快乐的事情更多了！

心的力量是无限的，要学会心动，要懂得交心。经历了就是一种收获。

成功时收获喜悦与快乐；失败时收获悲伤与教训。生命的历程事事有收获，有收获就有快乐。

与聪慧的人交流，你会学会思辨；

与快乐的人随行，你会享受美好；

与谦和的人交友，你会学会包容。

有了思辨的能力，掌握做事的本领，懂得谦和待人的包容，就会找的快乐。

快乐是一种能力，有了这种能力，就会享受美好。

2013年9月24日晚读书随笔

37

学会改变节奏

节奏是音乐的骨架，是音乐情感表达的构成基础。

生活中有节奏，行动中有节奏，工作中有节奏，人的语言的情感表达更是由节奏强弱构成的。

音乐的美好，是生活节奏的变化和提升的产物。

人类语言的节奏，有时也影响着事情的成败，人生的进程。我们必须学会利用节奏、改变节奏。

经常，遇到难办的事情，有人就会说"不可能"；这种语气说出来，这三个字的节奏是平均分配的，情感的表达是无奈的。

如果我们把语言节奏改变成为"不，可能。"我们会听到说"不"，会看到希望，看到成功的曙光。

再看"我不行"，这三个字的情感节奏，如果按照前面的节奏变化一下——"我，不行"，是加重，是强调，这事会变得更不能成功。

这时，我们就应该变一个思路，换位思考，把它变成"不，我行"，希望就又会到来。

一个人遇到困难，就说"不可能"，而不改变态度，就不可能把事情变成可能。

不换个思路，换位思考，把"我不行"变成"不，我行"，做任何事也不会成功。

当然，这种节奏的改变，是有原则的，特别是在生活和工作中。

这个原则就是法律法规，就是规章制度，就是做人原则。

在困难面前，如果我们都有原则，并在原则的框架下，改变你的生活节奏，心理节奏，行为节奏，就会把不可能，变成可能。

学会改变节奏，学会换个思路，成功就会在眼前，目标就会实现。

2018年12月3日于南京

38

格局的大小决定人生高度

有雄才大略者，不一定都会胸怀天下。胸怀天下之志者，必有雄才大略。

胸怀天下，是一个人家国情怀与智慧共生的相。

相由心生，境由心造。

一个人胸怀格局的大小，是与人生目标的定位高低、远近、深浅、宽广程度有关，无论是领袖（君王）、学者和普通人。

心胸狭窄，有雄才大略，也不能有大格局。格局小，有家无国；格局大，必有家国情怀。

有雄才大略者，能定国，但有的难安邦。

定国重在谋略，安邦却需胸怀。

看历代君王，为权、为私利者，虽能定国，权到手时国安无存，问题还是出在家国情怀之格局上。

有大格局之人，目标远大，志存高远；格局小者，目光短浅，急功近利。

学者格局大，可德才兼备，会成智者。

"学者"格局小，难当学者之名，更难成为智者。可能会成为有才无德的小人。

　　普通人的格局大小，体现在待人是否恭谦与包容上。

　　一个人有大格局，会受人尊重。受人尊重，就有发展的机会。小格局的人，因为自私自利，就会被别人唾弃，难有发展机会。

　　聪明者，是聪明，不是智慧，更不会有大的格局。大格局者，必有雄才大略，必有胸怀之大志。

　　大格局，是对事业的全方位审视，是对事业发展的前瞻性思考。这种审视与思考预示着人生发展的高度。

　　所以，格局的大小决定着人生的高度。

2018年12月3日于南京

39

能承受压力才能走得远

一个人新入职的时候，无论做什么都畏首畏尾的，害怕给人制造麻烦，更怕搞砸自己的工作。

不求做得有多好，但求安分守己地做事。

但这种心态做事，往往会唯唯诺诺、忙中出错，还会受到同事的取笑、领导的批评。

做事怕承担责任，不敢担当，总是希望自己轻松，遇到难题和困难就畏缩不前，没有承担责任的勇气和担当精神是做不成事的。

人生路上，无论做什么事，压力总是会有的，困难总是存在的，你不能排斥它、忽略它，而要学会转变自己的心态，找一个自己心甘情愿的理由，去努力学会接受它；要有积极、勇敢的心态，去承受你应肩负的压力和责任。

在工作中，没有谁是容易的，只有敢于担当，只有不断提升自己，强大自己的内心，勇于迎难而上，敢于担当，才会拥有更大的格局，才能在事业上走得更远。

不畏惧压力，最好的办法，就是想方设法地将压力转换为动力，然后脚踏实地，一丝不苟地工作。

不畏惧压力，端正心态，找准办法，勇于担当，就会做出成绩。

一个人，如果能够活得称心如意，自然是幸运。但倘若接连受挫，也不要心生绝望，向困难低头妥协。

人的成长需要拼搏，无论是挫折、打击，失败还是厄运；遇到多么糟糕的事情，你都要学会去面对、去接受，努力寻找改变自己命运的方法，将世界给予你的压力转换成生活的动力。

就像音乐家贝多芬那样，扼住命运的咽喉，在失聪的情况下创作出惊世之作。

经历过风雨打击的人，是有故事的人，这些经历是财富，是工作创新的源泉，任何的成功都是用失败、痛苦支撑起来的。

经历过风雨打击的人，会变得更加坚强淡定，无论发生什么，他都能微笑面对，也会到达成功的彼岸。

"不经历风雨，怎能见彩虹"。那些痛苦不堪的经历，是磨砺，是使自己成长为更成熟、稳重，学会承担责任，能抵抗外界压力，从容不迫地生活的人。

每个人都会经历一些风雨磨难。无论是谁，也必须接受现实的残酷，学着抵抗压力、承受压力，学会将这些磨难转化为前进的动力。

要想走得远，就必须学会承受，就必须努力使自己强大起来。

毛泽东、邓小平等老一辈革命家，钱学森、陈景润等科学家，还有我们身边众多成功的人士，他们在成为今天耀眼夺目的模样前，也曾吃过很多苦，受过很多伤，走过很多条弯路。

这些优秀的人的共同点，就是在压力、困难面前，心态积极，绝不会轻易认输妥协，也从不对生活感到绝望。无论遇到多大的问题，他们都能坦然面对，从容不迫地按照自己的理想前行，而不会让外界干扰到自己。

而很多工作平平的人，其实能力不差，也有才华，但他们内心不够强大，无法抵御外界的压力，一遇到风浪，就会丢掉责任和担当，这样的人能做事，但很难成大器。

能够承受压力，敢于担当的人，都是有责任，有理想的人。

所有能成大器的人，都是责任在前，勇于担当，内心强大，吃得了苦，扛得住压，面对困难险阻都能淡定从容的人。

把人生中一次又一次的磨难，变成财富、化为动力，像梅花盛放在凛冽的寒风中那样，让自己变得越来越优秀，越来越强大。

能承受压力的人才能走的远。有责任、有担当，为理想坚持不懈而奋斗的人，才能取得成功。

2018年11月2日晚于南京

40

年是一个原点

　　年是一个原点，是新的开始也是人生轨迹的阶段性总结。收获在此呈现，愿望在此启航，人生就是将一个个原点连接起来，或成直线、或成曲线式前行，或成螺旋式上升，形成自己独特的人生线迹。其实，人生是由一个念想、一次行动、一件小事等众多的点组成的，又通过这些点组成事业、情感、交际、工作等等的线，这些线的纵横交错又绘制出了每个人的人生蓝图。

　　原点是起点，也是结点，用好生活中的每一个点，您就会留下自己人生的轨迹，在点的延展、重复、叠加中，把人生的点线面组合成更加精彩的画卷。用好每一个点吧，让您的生活更美好。

2018年春节

学习篇

用情做事

心态影响心情，心情影响事业的成功。大目标放在心里，小目标放在行动上。

41

解决困难的办法——行动

生活中每当遇到一件从没做过的事时，我们大部分人总是本能地告诉自己"我不会！我不行！我肯定做不好！"

可当你真正行动起来时，却发现事情并没有你想象得那么难。

许多时候，我们不是被困难本身所难住，而是被心中想象的困难所吓倒。

遇到困难，首先要用心思考，寻找解决问题的方法；其次要敢于尝试、勇于探索，把想法转化为行动，从实践中寻找答案，特别是新事物、新工作，如果你愿意先试着做起来，最后会发现，很多事情没有多么难。

一个只想见最熟悉的人、待在最熟悉的环境、做最熟悉的事的人；一个人墨守成归，自己的思考能力就会逐渐退化，解决问题的能力会下降，久而久之就会看什么事情都难。

只有你试着去了解、去摸索、去接触新的问题，也许你会发现原来有些问题本身并没那么难。

每个人的生活里，都有自认为跨不过去的沟沟坎坎，甚至从来不敢去涉足的新领域。

面对新的挑战时，很多人都有各种各样的顾虑，如自身的懒惰、别人的看法、还有得失等，这种心态也束缚了我们的行动。

　　就如工作中的政策制定，会做的、能做的、做得好的事不用立规矩，不会做的、做不好的事才需要做计划、出方案、立规矩，这叫解决困难。

　　许多看起来不可能完成的事，其实是你自己在开始前设想的难度使事情看起来难的举步维艰。

　　人不是一出生就了解所有事情。

　　那些优秀的人，也不是天生样样会、门门通，他们是靠自己勇于遇到问题就去解决问题和积极乐观的心态来面对所有未知的难题并获得成就的。

　　当你尝试着做一件未做过的事，相当于给自己打开了另外一扇智慧之门。

　　开的门越多，你的见识就越多、能力会越强。

　　所以，当你遇到困难时，最好的办法就是马上行动。

　　　　　　　　　　　　　　2017年11月24日写于火车上

42

兴趣（一）

如何理解"兴趣是最好的老师"，何为兴趣？兴趣是在欲望的驱使下，对某种事物有了一定的感知和体验后，在愉悦的心情驱使下产生的，人高兴了、兴奋了、有兴致了，才有可能产生兴趣。

一个人有了欲望，才有可能产生求知的动机；

有了动机，才有可能产生行动；

有了行动，才有可能产生探究的欲望和兴趣：

有了兴趣，才有可能成功；

有了成功，才有兴奋的心理反应；

有了兴奋，才有可能产生自信；

有了自信，才有可能产生敢做、想做的心理反应；

有了敢做、想做，才有做好的可能，才有成功目标的实现。

兴趣——兴奋——自信——敢做——想做——做好——兴奋——自信——兴趣，就像《实践论》中所提到的"实践、认识、再实践、再认识"一样，周而复始就会得到更大的成功。

教学中激发学生的学习兴趣，就是要学会打动学生的心，做到已知的提示性知识简单讲解，半知的引导性知识全面讲解，未知的揭示性知识深入讲解。

从学生学习的心理反应看，见到已知的知识会产生"兴奋"，解决了半知半解的知识会产生"自信"，弄懂了未知的知识就会产生"兴趣"和"自信"。

无能就无兴致，无欲就无情趣。

对某种事物能否产生兴趣，首先要有欲望，欲望是由好奇心驱使的，是心里的冲动，是对事物认知的原动力，其次应具备与该事物的操控能力，有了欲望，有了这个能力才可能了解其内涵，了解了内涵，才可能产生情趣，所以兴趣的产生是欲望加能力加情感。

成功源自于兴趣，兴趣得益于愉悦。

要想让学生有学习兴趣，必须读懂学生的心。

不管怎样的课堂内容都有其吸引人的地方，都有产生兴趣和激情的点。

要学会"偷"心。

一堂好课不是学生跳起来、笑起来就好，而是"偷"走了学生的心，吸引了学生的情，引发了学生的思，给学生带来无尽的思索和遐想。

2017年10月于北京

43

快节奏　慢生活

现代社会是一个飞速发展的时代，工作节奏的快速奔跑，科技节奏的日新月异。

人们的思维在互联网的驱动下，从信息到文化都在每分每秒产生着变化和发展。

现代化交通工具——飞机、动车等的广泛使用，互联网的交流、购物等功能的入户，使人们的工作节奏加快，同时也给人们带来了生活的便利和快捷，缩短了人类文化、物质财富创造的时间。

人们在这种快节奏的工作中穿行着、奔跑着、创造着，忘却了烦恼，忘却了劳顿，财富的欲望驱使着向前向前。

但不要忘了，人的一生，生活和工作是有张有弛的，总是琴弦紧绷人生之琴是会断线的，优美的琴声会失灭的。

节奏的加快更为主要的是给人们的工作和生活带来更多便利，同时也增多了休闲的时间。

学会利用快节奏，把工作节奏加快的同时，应学会把生活的节奏放慢，享受生活的乐趣。

张弛有度，是工作和生活健康发展的基石。

千万不要被加快的工作节奏，打乱了生活的节奏，学会利用快节奏节省时间，使自己的人生张弛有度，才是现代化生活的高要求。

所以，现代生活必须学会"快节奏，慢生活"。

2015年1月26日坐动车有感

44

留给回忆一个机会

人生一世，都要经过童年、青年、中年、老年四个阶段，这四个阶段也为人们留下了许多美好的回忆。

童年时索味，青年时寻味，中年时品味，老年时回味。

我们经常说到、听到"昨天、今天和明天"，也知道指的是"过去、现在和将来"。

但可曾想过过去的事，是现在做过或经历的事，现在正在做着的又是将来可能发生的事。

过去是现在的将来，现在是将来的过去。

我们现在做过和经历过的事，都将成为将来的过去；我们现在做的，都是将来可能发生之事的前奏和主题旋律；发展好了就会留在过去，供我们将来有个美好的回忆，发展不好的过去，回忆中也会留存，只是我们不想回忆。

舍得，舍掉的是人生的悲苦、困难和无奈，得到的是人生的坦然和快乐。

看秋叶的飘落，思春天的百花，不知是悲是喜。

孩童时总想长大，大脑中一张白纸般的储存空间，在好奇心的驱使下不断吸收和索取着。

青年时总想成熟，在成熟的道路上为自己的未来在知识的海洋里、在人生的长河中追寻着。

中年时节又在设想着春的气息，因为沉甸甸的果实，又在诱发着新的生机和欲望。

老年时，那种索取，那种追寻和拼搏，那种成功的欣喜和再奋进的自信，都在"冬"气息中静下来，回忆着。

是春喜还是秋悲？叶子知道，种子知道，大树也知道，你知道吗？

要想在过去的时光里找到有价值的回忆，就应做好当下，展望未来。当下的现在做不好，将来和过去都将是一纸空谈。

为将来的回忆做好今天的事吧！留给回忆一个机会，让现在走向未来，让回忆写满心灵。

留点空白，才有想象无限；留有余韵，才能回味无穷。

2016年6月28日

45

永远到底有多远

永远到底有多远？人们都觉得永远"很长、很远"，其实永远很短暂，短得让你看不见。

记忆永远的事，往往只是发生在瞬间。如：男女对视的一瞬间、回眸一笑的刹那之时、一见钟情的相恋相爱、突发事件产生的瞬时变故，都可能留在你永远的记忆里。

而那些刻骨铭心的苦难折磨，美好憧憬的长时间等待，砥砺奋进的长期努力，当它成为过去永远的记忆时，它又会在你的生活中变成瞬间的回忆。

所以，永远很短——永远是瞬间留住的永远；

永远很长——把瞬间的美好变成了永远的记忆。

情是永远的情，不管是爱还是恨。

奋斗的历程是漫长的，无论成功与失败。

留在记忆里，就变成了瞬间回忆。

真正的永远是把每一个瞬间的美好打成链条，一环一环筑成的永远。

永远存在于记忆里，瞬间存在于现实的回忆中。

永远是刻骨铭心的瞬间的产物，没有瞬间的刻骨就不会有永远。

2015年7月2日于烟台

46

用眼睛看到的是距离

用眼睛看到的是距离，或近或远；

用心看到的是永远，没有距离。

用眼看是观察、是测量，不管是看人还是看物；在物体的观察和测量中，得到的是物体的物象和物体与你的距离。

在育人的交流和观察中，得到的是对人的看法和心与心的距离，认可了就近，不认可就远。

做任何事情、与任何人交往，都应该用心去看，用心去做；这样会走近。

事事用心你会得到成功；事事无心你会一事无成。

用眼去看，不用心去想、去理解，就会有距离。

眼动不如心动，心动不如行动。

用心去看、去做每一件事情时，一定要带着欣然、喜悦的心情去做，你会得到意想不到的回报。

用心看你会追寻，用心看你会理解，用心看你会明理，用心看你会知情。

心的所向是无敌的，心的所向会让你用真情奋进、奉献。

用心去拥抱人生，你会得到永远的快乐。

情的交流使人理解，心的沟通使人走近。

珍惜你心的体验和感悟吧，让智慧的火花在心中燃烧，让心将幸福延续到永久。

2016年4月20日

47

秋收冬藏

秋风秋雨的凉意，从生态看来是自然的形成，是春夏秋冬的更替。从人的心里看来是让你在收获中获得喜悦。

静下心来，不要沾沾自喜，在白色的冬季，安静地梳理一下自己的过往，积蓄力量和养分，待春到来之时发出新芽。

奋斗与创新都需要静下心来思考，不要把成功作为资本，因为小小的成功只是人生目标的开始。

人生从小学、初中、高中，到大学，再到参加工作，融入社会，是一个一个的目标奋斗出来的。

工作中每一次的成功，都可以说是你奋斗的阶段性总结。

当你获得更大的成就的时候，你会看到更大成就的背后都是由很多奋斗中的困苦、悲伤、失败、小的成功支撑起来的。

春天是梦想的开始和萌芽，夏天充满了奋斗的热情和汗水，秋天才是你成功收获的时节，而冬天是你丰富自己整装待发的孕育。

在冬的时节一定要学会总结和收藏，到了春天才会有理想发芽的机会。

奋斗与创新永远在路上，把每一次的成功作为小憩和休整，继续向前，你会看到真正的阳光。

2016年10月24日于蓬莱

48

爱在心中　普度众生

梦在心里，是心灵的感悟；

爱在情里，是真情的倾诉。

艺术的表达在于用心，用心底里的"真善美"。

情的抒怀凝聚爱的"知情意"，艺术表达是知情意的诉说，是情感的升华。

艺术表达的是情，是爱的传递，做人做事也需要用情用爱去沟通。

路在脚下要用心去走，爱在情中要用心去感悟。工作中有爱就会有工作的热情；生活中有爱，就会有快乐的享受。

一个人心中有爱、豁达，身边就会开满鲜花，充满欢乐；一个人心中无爱，身边就会长满荆棘，充满怨恨。

教师授课也要用真情来抒发。

当教师批评学生的时候，是因为爱，这种爱更多的是期望；当教师表扬学生的时候，是因为爱，得到的是心的慰藉。教师的伟大，就在于爱的无私。

教师的职业需要爱，"爱自己的孩子是人，爱别人的孩子是神。"

爱你的学生吧，爱你身边的人吧，爱你相识与不相识的人吧，他会教会你佛的心境。

佛讲"普度众生"是大爱。

教师的职业就是让所有学生成长，也是大爱。

这就是"众生"的普度，也就是普度了"众生"。

爱心永存，普度众生！

2016年5月23日于莱州悟语

49

合唱

音乐是情感的艺术，人声是最好的乐器。

合唱艺术，是一种结构严密、声音丰富、具有非凡表现力的高雅的集体艺术，是振奋人心的艺术，是激发情感的艺术。

合唱，追求的是整齐柔美的音色，清晰丰满的和声，优美感人的意境，是歌唱群体音响的高度协调统一。

合唱，是音乐情感表达的一种形式，它是利用人声在旋律、节奏、调式、和声等诸音乐要素的结合中，顺着音乐作品的风格和情感脉络，演绎着作品的情感和精神内含。

艺术，是人的情感的升华，合唱艺术是通过准确恰当的运用声音、气息、吐字、众人的合作来表情达意的，而指挥则是合唱的灵魂，是完整表达音乐作品情感的关键，只有拍子而没有情感的指挥，只能给合唱队员一个规范，不能引发合唱队员的情感。

离开了情感，一切的音乐只是形式，不是艺术。

所以，指挥要读透作品，合唱队员要读懂作品，两者再有效的沟通和配合，才能准确表达情感。

合唱情感表达的目标是——让听者感动。

2016年11月3日

50

用心　用情　用思想

　　路在脚下——怎么走是你的事，梦是自己的思——怎么做是你心里的想，学会追求，学会拼搏，学会坚持，一切的梦都将实现。

　　用心交友路好走，用心做人坦荡荡。

　　梦的实现是心血的付出，只要用心用情用思想，一切皆有可能。

　　教师的岗位，应学会"用心、用情、用思想。"

　　用心做人。当我们走上教师的岗位，可曾想过"人类灵魂的工程师"这句话的含义，灵魂的工程师是塑造人的，是帮助一个人人格形成的工作。

　　一个好的人格的形成，需要有一个好的导师，既然我们教师被誉为"人类灵魂的工程师"，就应该改造自己的灵魂，即教师的人格和职业道德，用心做人，为学生做好表率。

　　用情做事。用情去爱，爱每一个学生。

　　倾情投入到教育工作中，用爱去感化学生，激励学生，是教师的职业责任。

　　自己丰富，才能感知世界的丰富；自己善良，才能感知世界的美好；自己坦荡，才能逍遥地生活在天地间。把良心用在学生的成长上，把做人、做事、做学问，融入工作的点滴，为学生带来生活的启迪、知识的探究。我想这是教育这个职业的责任。

情绪的好坏决定了你做事的结果。让学生喜欢听你讲课最好的办法，就是教师自己先喜欢聆听学生的心声。

用思想成事。教育是灵魂的塑造，教师是人类灵魂的工程师，在教育学生上，必须有自己的思想。学会帮助学生去实现让他们自己的梦。

教师要想教好学生，必须勤于思考，勉于行动，用先进的、适合学生发展的教育理念教育学生，学生才能跟上时代，融入社会，为学生的人生之路打下坚实的基础。

教师的工作就是：

看学生看不到的地方，理学生理不清的思维，解学生解不开的问题。

这一切都需要我们教师不断地充实自己，理性规划自己的教育行为，用正确的教育思想，教育每一个孩子，助力每一位学生的成长。

用心做人，用情做事，用思想成事。

用心用情用思想的目标就是：帮助我们的学生成长。

2016年10月18日

51

你做事究竟是为了什么

　　每个人在做每件事的时候，都有一个目的，但是当这个目的出现问题后，每个人本能的反应又忘记了目的。

　　闲来读书看到这样一则故事：

　　有一位智者很喜爱种兰花，每天都认真地呵护它，欣赏它。

　　一次，智者准备外出云游一段时间，吩咐弟子要小心打理，弟子遵从师命小心翼翼地打理着。

　　一天，弟子不小心弄翻了花架，花盆和花都摔得稀巴烂，弟子很害怕，等待着先生的训斥。

　　智者回来后，看着散乱的花架和花盆，再看看忐忑不安的弟子，笑笑说：我种兰花不是为了生气，是为了兰花之美。

　　从这则故事中应注意到，无论做什么事情其目的是主要的。

　　为了快乐，就应该将不必要的烦恼去掉，应该在行事的过程中从心里减少烦恼。

　　愤怒很简单，想想我们平时的愤怒有什么必要？有多少价值？

　　愤怒是魔鬼，它只能打乱我们求索目标的征程。

　　做事是为了快乐，无论是工作中的拼搏、生活中的奔波，都是为了满足美好生活的需求，都是为了幸福快乐。

明白做事是为了什么，善待生活中的点滴，善待人、事、物，你就会得到快乐。

所以，善待身边的一切，才能享受人生的美好。

2011年9月2日读书有感

52

秋的色彩

十月的秋天，在风雨的洗礼中，把曾经的绿涂上了一层淡淡的金黄，树上的叶子，在秋风的护送下悠然洒洒地飘向远方，好像送信的天使带来入秋的消息。

我漫步在林间的小路，脚下的树叶与鞋子亲吻着发出吱吱的声响，在树上叶子的合唱中衬托出声部间的和谐与特质。

田里的高粱高翘着身躯，在阳光下涨着红红的脸，向路人点头问好；玉米冲出厚厚的外衣，拔开胡须露出了黄金般的色彩；稻谷低垂着丰满的穗头，在微风的轻拂中现出恭谦的仙风与道骨，那种成熟，那种从容，那种坚实，那种丰硕，把秋天中绿的畅想、金的喜悦，以及叶的飘逸悠然与欢唱，带入了童话般的惬意之中。

回想那冬的洁白，像白发的老者呵护着万物。

回想那初春的嫩芽，尽情地吸吮着大地的营养，在阳光的普照下成长壮大生机盎然；

回想夏日那渐渐长大的青草、绿树和盛开的花朵，在热情奔放的追寻中，为大地带来了绿茵茵、花似锦。

再看看秋天，在经历了冬的静默，春的萌动，夏的热情后，又在秋的风雨中、阳光下，丰富着色彩的厚重，凝结出沉甸甸的果实累累。

那种厚重，那种沉稳，那种经历了的静雅，为大地带来了殷实的丰盈和斑斓的色彩。

回望人生，所有这秋的一切，就像人到中年，在奋进、回味、举杯欢饮中，继续丰富着自己，追寻着夕阳中霞的美丽。

2012年10月于烟台

53

从李白的《静夜思》想到的

前几天闲来无事，与儿子玩文字接龙游戏。

游戏的规则要求，输一次背一首唐诗，看谁背的唐诗多。

当儿子背诵李白的《静夜思》时，我突然想到了我们的教育，想到了我们的学生。

不禁自问：学生有静静思考的空间吗？

看看我们的教育。

现在学生在校学习的时间，基本上都被"主课"满满地占用；学生放学后又不能在学校停留，学校的各种兴趣小组时间安排也不多，学生在学校时很少有时间去实践、去思考的。

回家后，家长们又为孩子的成长，报了众多的特长班；特长班上完了，才有时间写作业，作业写完了就好睡觉了。这样的时间安排，学生是没有时间去实践、去思考的。

这是大的时间安排中所存在的问题。

小的时间也是如此。

如课堂教学，学生只能在老师讲解和当堂作业练习中度过，师生间思维的对话很少，有的也只是个别的学生，没有了思维的对话，没有了思考的空间，高效课堂就无从谈起。

思想思想，思想是什么？

从字面上分析就是：思想是心中的田，心中的相。

心和田两个字的含义我们都好理解，相字的含义大体有四种：

一种是交互，是双方的动作；一种是看的意思；一种是辅佐的意思；另一种所表达的意思是样子、容貌。

在这里我们把相的含义定在样子和容貌上，再解释一下思想这一词就会看到：

当人的心中有了所思，就会有所想；心中的田被滋润了，心里就会有一定形象的思维萌芽。

再看思维这个词，当心中的所思所想像丝线一样，不断地发展，不断地延伸时，这时的思维才是最佳的。

而这种最佳思维的形成，需要有一个时间、一个静静的空间才能形成。

每当有解不开的问题和想不通的事情时，我们每个人都会要求大家——给我一个自己的空间和时间吧，我要好好想想。

既然是这样，我们为什么不能给孩子一个属于自己的思考空间，虽然小学生目前还不能完全的独立思维，但可以给学生一个实践的空间吗？

有了实践活动，才有对事物的观察的机会；

有了观察事物的机会，才会有思考的对象；

有了思考的对象，才会出现新的思维；

有了思维的碰撞，才会有好的思想；

有了好的思想，才会有师生间思维的对话；

有了思维的对话，才会有高效课堂。

留给孩子一个思考的空间，让他学会思考。

2005年6月

54

鱼缸法则

大家可能知道"鱼缸法则"吧。

养在鱼缸中的热带金鱼，三寸左右，不管养多长时间，始终不见金鱼生长。

然而将这种金鱼放到水池中，两个月的时间，原本三寸的金鱼可以长到一尺。

对孩子的教育也是一样，孩子的成长需要自由的空间。

而父母的保护，就像鱼缸一样，孩子在父母的鱼缸中永远难以长成大鱼。

要想让孩子健康强壮的成长，一定要给孩子自由活动的空间，而不让他们拘泥于一个小小的父母提供的"鱼缸"。

当前，学校课时的安排得满满的，我们家长为孩子安排的业余学习时间也是满的，学生有思考的空间吗？

空间狭小，难以施展，没有空间，更难生存。

随着社会进步，知识储备的日益增加，父母和老师应该尽量给孩子一个实践的空间、思考的空间、自由成长的空间。

给孩子一个思考的空间，你会看到孩子更多的优点。

2004年6月

55

五官变化、情绪变化与心

最近在一节美术课中，老师让学生画画人的面部表情——喜、怒、哀、乐。

观察中发现，在"怒和哀"的面部表情里，人的五官是向内集中在一起的、是紧凑的。

而在"喜和乐"的面部表情中，人的五官是向外打开的。

由此感觉，五官的变化与人的情绪变化是相通的。由表及里，人的情绪反应一览无余。

看看人的心：

"哀"时的人，心也是收着的，这种收紧是防范和无助地收；"怒"时的人，心也是收着的，是防范地收。

而"喜和乐"的面部表情，与人的心里情感反应也是一样，是打开的、是接纳一切的。

心情不好，人的心是收紧、防范的。

就像哀愁的表情，五官是聚在一起的，这时的人什么也不会听进去，什么也不愿意接纳。

心情好了，人的心是敞开的、是接纳的。

就像喜悦的表情，五官是打开的、眉开眼笑的，这时的人会什么都听得进去，人的心情好了会接纳一切，包容一切。

所以，在教学中，想办法给学生一个好心情是至关重要的。有了好心情，什么都愿接受；没有好心情，再高的智商也难接受应该接收的知识和事物。

2009年4月

56

上山容易下山难新解

有一次和几位朋友登黄山。

下山后一位朋友说:"我现在真正体会到了'上山容易下山难'的感觉。"

他说得对吗?

对,也不对。

不对的是,在同一条件下,从人的生理特点看,上山时体力充沛,所以容易。

下山时累了,是因为体力的下降,感到下山难了。

因为,上山与下山的环境是一样的,都是一样条件的石阶,所以,体力上的好坏决定了上山与下山的难易程度。

古代人所说的"上山容易下山难,"是在同等体力条件下,在没有路的悬崖峭壁上上下。

上山时,人的头在上、脚在下,可以看到攀登的"道路"和条件,所以就容易。

而下山时,还是头上脚下,看不到下山的"道路"和条件,摸索着下山,危险性增加,难度也就增加了,所以下山就难了。

由此可见，对于一句话、一个事物的理解和解释，也应注意当时的生活环境、文化背景等各方面的诸多因素，结合自身的经验、条件去理解和解释；而不是用脱离生活环境、文化背景的想当然的思维去理解和解释。

　　也就是学会用生活去解释生活。

2008年11月27日

57

教学方法没有好坏之分

最近，参加省级小学音乐优质课评选，休息时，一位老师问我："于老师，你说这节课的教学方法好不好？"

我说："教学方法没有好坏之分，只有适合不适合。"

一切教学方法没有好坏之分，只有适合不适合之分。

所谓的好与坏是根据人在当时生活中的需求，以及使用情况来分辨的。

生活中也有这样的例子。

腐烂苹果与没有腐烂的"好"苹果的区分，也是由它的实用价值来定其"好与坏"的。

我们从常规的生活经验和思维定式的角度会想到：

没有腐烂的苹果是可以吃的，是好的；腐烂的苹果是不可以吃的，就是不好的、坏的。

但酿酒时是要让苹果腐烂、发酵，因为这样的苹果才能提出酒精，这时的腐烂苹果——"坏"苹果，又成了"好"苹果。

所以，细想一下，不应用"好"与"坏"分析一切，还是用适合、实用与不适合、不实用区别为好。

人的意识形态中的好坏，更不能用好与坏来分辨。

不同的时期、不同的事物在不同的社会环境下，由于人看问题的角度、高度、社会环境、生活环境、文化背景的不同，以及分析问题的方法、价值取向的不同，好的事物有可能会变成坏的，坏的事物有可能会变成好的，这样一来对事物的好坏之分就会有一定的弊端。

在学校教育中，教学方法的运用也没有好坏之分，只有在本堂课上适合不适合之分。

一堂课中。教学方法如果适合这堂课的教学内容和教授对象的接受条件，并能有效地完成教学任务，这就是"好"的——适合的教学方法。反之，就是"不好"的——不适合的教学方法。

教学方法，不是追求新、奇、特，而在于是否适合学生的学习和发展。

所以，教学方法没有好坏之分，只有适合与不适合。适合者有效，不适合者无效。

2007年11月27日于济南

58

路永远在心里

每个人要走的路永远在心里，而不是在脚上。

心中有路者，目标明确，眼前会看到路；

心中无路者，没有目标，眼前也看不到没有路。

一个人不管做什么事，都需要用心。不用心就做不好事；用心就能做好事。

行路也是如此。

漫无目的地行走，不会有正确的方向，因为心中无路。

心中有路，就会有规划，有捷径地寻找，到达目标的机会就会很多，成功的概率就会高。

世上本无路，人走多了才形成路。

人生中，所有的路，都是因为人心中的念想和目标而形成的。

捷径也好，曲径也好，都是因为不同的心情、不同的环境条件下到达目的地时，而变成了各不相同的路，这个要到达目的地就是心中的目标，心中的路。

所以，人生在世要有自己的目标，不管是生存目标，还是生活目标、事业目标；也不管目标的高远与渺小，只要心中有目标，生活之路就会畅通。

心中有路，前途无量。

2015年6月17日观图有感

59

与孩子交心

前一段时间，从学校接儿子回家。

在车上，儿子哭得像泪人一样，她妈妈也在批评他。

听了半天，才知道是由于他想买一个玩具，妈妈不给买。

走在路上，妈妈下车去办事了，儿子还在车里继续哭。而且每看到一个商店，哭声就加重。

我一直没有吱声。

直到进了家门，儿子的哭还一直延续着……

我烦了、火了，开始批评他，但无论我怎么说、怎样地大声吼叫都无济于事，他的哭声还在继续，而且哭得越厉害。

这时我想大喊大叫是不行了，应该静下心来，于是我拿了两个板凳，让他对着我坐下，开始了我们的交谈……

我问他：为什么要那个玩具？要那个东西的理由是什么？他都做了回答。

我又问：为什么妈妈不给买？他愣愣地回答不出来。

这时，我就说："你不会要东西。"

听了这句话他突然不哭了，瞪着满是泪花的大眼睛看着我……

心里有反应了，发现了这一点。

我就不失时机地说出了他这一段时间在家里的种种表现：作业问题、吃饭问题、做事问题等等，很多没有做好的事情，告诉他这样的表现妈妈是不会给买玩具的。说到这里，他已经完全不哭了。

于是，我又说："如果你每样事情都做得很好，有的时候你不要妈妈也会给你买的。"

这时，他的眼睛透出一种不可名状的神情，静静地看着我。

我想：可以了。

就说："我该去接妈妈了，你自己在家吧。"

又说："我走后你该干什么？"

他迅速的回答："做作业。"说着就打开书包准备写作业。

"好，非常好。"说完，我就出门了。

回家以后，儿子高兴地对我说："爸爸，我的作业全做完了。"还时不时地围着他妈妈转，与妈妈也有说有笑，好像什么事情都没有发生似的。

看着这一切，我想心的沟通太重要了。

大声的喊叫是没用的，有时可能还会适得其反。

2008年5月

60

悟到了就要做到

儿子三岁的时候，我应邀去给音乐、美术老师们上课，进行在岗教师集中培训。

第一天讲完课回家，一进门我愣住了……

满地的纸箱碎片。

往前一看，好家伙，茶几上摆满了锤子、钳子、螺丝刀等等，我所有的工具；再看，工具箱已经空了。

我问："怎么了？"

他妈妈说："你看看吧，管不了了。"

我顺着她的声音向厨房望去。

只见，我那宝贝儿子，穿着背心、低着头，一只小手抓着纸箱、一只小手拿着螺丝刀，在纸箱上又捅又挖，那可怜的纸箱已是遍体鳞伤、破败不堪了。

我问："你在干什么？"

儿子头也不抬，继续干。

说："我在拆纸箱。"

我本想发火，但看到儿子的认真劲，我收住了话语……

第二天，我去给美术老师们讲课。

当讲到"注意学生的学习兴趣，注意身边的美术，抓住每一个可利用的教育机会"时，我想到了儿子昨天拆纸箱的事，想到了为什么不能抓住儿子当时的兴趣，让他拆、剪一点图形呢？哪怕是一个三角形、一个长方形也可以。

如果我当时能根据他玩的内容，抓住有价值的知识点和孩子的兴趣点，去引导他，利用他的认真态度和兴趣，激发他的求知欲望该多好。

于是我给老师讲了儿子昨天的故事，讲了我对这件事情的认识和感慨。

悟到了，就要做到。

今天，我提笔将此记录下来，虽然晚了一点，但是我行动了。

因为这是我的职业，是我的责任，更是为了千千万万学生的成长。

如果我们的教学，在每节课、每个教学环节中都能根据学生的学习兴趣，抓住有价值的知识点和学生认识事物的兴趣点，我们的教学是不是会更好？学生的学习兴趣是不是会更高？对知识的掌握是不是会更牢？探究知识的心理欲望是不是更迫切？

看到了就要想到，想到了就要做到。

眼动不如心动，心动不如行动。

做一个有心的父亲，做一个有心的老师，教子如此，教学也应如此。

2003年10月

61

你看到了什么

前一段时间，有位老师讲了这样的故事。

中学时期。一次自习课上，将要下课时，坐在教室最后面倒数第二排的两位女同学闲着没事向前张望，无意间看到前面第二排同桌的男生和女生手拉着手垂放在背后，非常有趣。

这时两位女生就低下头看着、窃笑着。

最后一排是一个非常调皮，而且好奇心实足的男生。

两位女生的指指点点和窃笑不止引起了他的注意，好奇心的驱使让他按捺不住了，就小声地问："你们笑什么？"

"你自己看吧。"两位女生止住笑、不屑地说。

于是男生侧下身、低下头，顺着两排课桌间的甬道向前看去。

看着看着，这位男生突然大笑起来。

两位女生被这位男生突如其来的笑声惊呆了。

问："你笑什么？"

男生不假思索地回答："一排大屁股。"

从他看的角度和方向确实是这样的。

这段故事揭示了一个道理。在观察某种现象和事物时，由于每个人看待和观察事物的主观意识不同，观察问题的角度不同，得出的结论也会不同。

教学也是如此。在音乐、美术课的教学过程中，特别是音乐、美术鉴赏课的教学，由于音乐、美术作品概念的不确定性和时代的差异，再加上每位学生的家庭环境、生活经验、社会环境、个性爱好、文化倾向，以及当时的心情等方面的不同，对音乐、美术作品的认识和理解也会不同。

在艺术作品欣赏中所产生的艺术概念的不确定性现象，除艺术作品本身作者的主观性表现因素外，观察角度的不同、学生当时的心情不同，再加上一个人知识文化储备的结构不同，对艺术作品评价的观点也会不同。

所以，抓住学生的心理、性格等特点，理解、用好学生已有的知识和生活经验，让学生学会观察，学会用生活去解释文化、用文化去阅读历史非常重要。

2008年12月10日

62

耕牛与农夫

我在农村长大，小时候经常跟着爸爸到农田里玩耍。

高中毕业之后，在农村干了几年农活。

现在作为一个教育工作者，想到了耕牛与农夫，想到了育人。

在农村耕地的时候，耕牛在前，农夫把握着耕犁在后边，在农夫的指挥下，耕牛埋着头努力地耕作着。

农夫"把舵"、耕牛耕作，一个是方向的把握，一个是按照方向前行。

人也有两种：一种是"耕牛"式的，在工作上兢兢业业，从来没有自己的想法，领导让他干啥就干啥，让他怎么干他就怎么干。

另一种人是"农夫"式的，他把着舵，引领着"耕牛"劳作。

没有了"舵手"——农夫，田地无法耕作；没有了"耕牛"田地照样耕作，只是完成的时间长短而已。

我们培养学生时，应让学生学习"耕牛"的精神——兢兢业业、勤于工作。更要有"农夫"的本领，学会安排工作、引领工作，提高工作效率。

耕牛精神要有，农夫的精神更要有，这才是教育。

2009年10月

63

把优秀变成一种习惯

古希腊哲学家亚里士多德说"优秀是一种习惯。"

如果说优秀是一种习惯，那么懒惰也是一种习惯。

我们的一言一行都是日积月累养成的习惯。

有的人形成了很好的习惯，有的人形成了很坏的习惯。

工作生活中，严谨治学的态度，恭谨谦卑的行为，都是从点滴的生活习惯中养成的。

今天你学会微笑，明天你学会把悲伤留给自己，把快乐带给别人。就是一种好的习惯。

不管是真心的还是职业性的微笑，只要你笑了，就会很美丽、很好看，就会给人留下美好的印象。而这种做法持续下去你就会形成良好的、被别人接受的好习惯。

反之，经常口出粗话、随地扔烟头，就会形成不好的、不被别人接受的坏习惯，引起别人的反感。

学校教育特别是幼儿园、小学和初中教育中，对学生良好习惯的培养，从某种程度上讲，比学好知识更重要。

习惯性地去思考、去创造，习惯性地去认真做事情，习惯性地友好的对待别人，习惯性地寻找和欣赏自然之美，就会使这些的优秀行为习以为常，形成良好的习惯，就会使学生在未来的工作学习中取得成功，受人尊敬。

你养成了优秀的习惯，在人们眼中你就会显得优秀。

优秀的习惯会使我们终身受益。

所以从现在开始，我们就要让学生"把优秀变成一种习惯"。

2005年6月

64

校长应思考的

在撒贝宁主持的科学实验节目《加油！向未来》中，工作人员把200个节拍器放在一块板上。当工作人员随意将节拍器拨响后，全场200个节拍器所敲出的节拍声响非常零乱，但过了一会儿，在毫无外力作用的情况下，这200个节拍器自动从随机凌乱的摇摆方式中变得整齐划一，奏出了统一的节拍声音。不少网友感叹惊奇之余，也有人指出这就是共振、耦合现象。

另一个实验，是撒贝宁、尼格买提"亲身试验"，两人担纲"人肉钟摆"，坐在同一条钢丝上悬挂的两个秋千上，当一个秋千摆动时，另一个秋千在没有外力的情况下也会随着摆动；而当一个秋千被人为地停止时，另一个秋千就会自动加大摆动幅度，将人为停止的秋千重新带动起来，如此交替反复。

看到此，想起了我们的学校教育。

好的学校，基本都有完善有效的规章制度，好的学习风气和学习习惯，一所学校就好像一块木板，学生就是一个个节拍器，入学时学生行为、语言、做人做事态度是随心所欲的。

性格个异的学生到了这样一所学校，就会像节拍器一样，渐渐地将心收住，变得步调一致。

　　另外，两个秋千的实验又表明学校教育是挖掘学生潜能，培养创新思维和能力的重要场所。

　　要想让学生的思维和行动动起来，需要的是理念的更新、模范的引领、活动的开展，更需要行动起来。

　　规范行为、行动起来，相信学校会变成一个有生机、有规范、积极向上的学校。并能培养出守纪律、有文化、有爱心、有创新能力的学生。

2018年8月5日观央视《加油，向未来》节目有感

65

从独唱与合唱中体味学校教育的和谐

在2008年中央台的电视青年歌手大奖赛合唱组的比赛中，一道《独唱与合唱》的文化素养的考题引起了我的兴趣，突然从独唱与合唱的演唱特点中，想到了我所从事的教育工作。

自从工作以来，有好多学校的"副科"（如音乐、美术等学科）老师很多次在我的面前述说着他们的不快，抒发着他们对教育现状的感慨和观点，也提出了许多宝贵的意见。

我想过很多次为什么音乐、美术被称为"副科"？为什么音乐、美术教师的地位低？为什么音乐、美术等学科在学校教育中不被重视？怎样才能让学校教育像合唱一样得到和谐、均衡、全面的发展？怎样使我们的受教育者，在"德育、智育、体育、美育"诸方面，像独唱与合唱一样，既有个人的风采又有全面的发展？

在这里我们先分析一下：老师们提的问题是有一定道理的，音乐、美术学科在全国的很多学校教育中，都被视为"小学科""副科"。问题应该出在教育观念上，出在办学思想上，这既有管理者的问题、学校考评制度问题同时也有学科教师的问题。

一是学校教育的决策者没有从学生综合素质培养与发展的教育观

念下进行办学。在学校教育工作中，只重视考试科目——"主科"的教育教学投入，不重视考查科目——"副科"或"小学科"的教育教学投入；把语文、数学、英语、历史、地理、物理、化学、音乐、美术、体育等学科分成三六九等，同时也把教师按所任学科分成三六九等，即把考试学科"语、数、英"等定为"主科"，把考查学科"音、体、美"定为"副科"。"主科"的教师与"副科"的教师在评先选优、职称评定等方面就更没法说了。于是造成了考查学科教师或消极怠工或改行教其它学科。造成了教育教学的偏科现象及学校教育的不均衡发展，教学的不和谐，更造成了学生基本素质、基本能力的不均衡发展。

二是教师自己的问题。除了上述所说的学校管理的等级问题，再就是任课教师自身的问题。俗话说："适者生存"，在学校中校长不用你，老师们也不投你的票，说明你不能适应学校的环境，只知道张扬自己的个性。自认为自己是专业教师，就我行我素；自认为自己与众不同，就不注意别人的心理感受。久而久之，使自己的工作坠入低谷。

独唱是一个人演唱，演唱时一般有一件或几件乐器伴奏，也有用乐队伴奏或用其他人的齐唱或合唱来伴唱。在一个学校里，校长就像合唱队的领唱者和独唱者，不但要学会引领学校教育的"大合唱"，同时还要学会"独唱"。你的独唱一定要有与你相合的声音为你伴奏和伴唱，一定要让你的"独唱"有欣赏者和支持者，这些欣赏者和支持者在人群中包括：学校的教师、教育界的朋友和同仁、学生、学生家长和社会各界，在工作中包括：政策、制度、办学理念。这样才能使学校办得及有特色，又有全面、均衡、和谐的发展。

我们的教师在工作中，如果你只知道"独唱"，不懂得独唱演员也需要观众，不明白有了观众的欣赏才能产生和谐，才能有心与心的碰撞这个道理是不行的；只会"表演"，不知道你的表演是为了什么，为什么要表演，表演的作用何在。要记住演员在舞台上的表演目的是打动观众的心。不要把专业看得太重，你生活在这个社会中，首先你是一个社会上的人，其次你是一个教育工作者，再其次你才是一名学科教师。你只想到了你是专业教师，没有想到你是一名教师，在某种情况下你的"独唱"没有想到要打动观众，想到的只是"我与他们不一样，因为我是某一学科的专业教师"。这样一来，你的"独唱"不但没有打动观众，而且引起了大家的反感。

合唱是一项集体表演的声乐节目，合唱是寻求声音的共性的艺术，是通过多声部多层次多种表现手段及处理方法达到高度协和的一种综合性极强的艺术表现形式，合唱这种艺术更多的是淹没自己而突出集体，所以它是群体艺术的结晶，是一个有机组合的和谐的整体。要想唱好合唱就需要学会倾听别人的演唱。也就是说。合唱不是唱准自己的声部就可以的，而是在倾听别的声部演唱的同时，注意各声部声音的特点（声音的强弱、音色的效果），再根据自己的倾听感受寻找自己合适的声音和位置与大家一起演唱，从而达到合唱队声音的和谐统一。合唱队的和谐统一其目标也是要打动听众的心，别人说唱得好才是真正的好。

我们的工作也是如此，领导者既要有合唱队员的素质，学会倾听找准位置，还要做一个好的学校教育这个"合唱队"的指挥，有办法和能力将来自不同人群的声音，进行合理的调配，为每位教师找准位置，把所有的教学内容进行合理的安排，使其产生和谐的声音，让学生得到全面、均衡、和谐的发展。比如：不同学科教学课时安排的全面性与均衡性、不同学科教师教学工作成绩考核的合理性与特殊性、学生综合素质培养的均衡性与前瞻性等方面的工作，应像参加合唱演唱和做指挥那样学会鉴别和融合，全面合理地安排教学工作，教学中不可出现学科间课时时间的不均衡或开课不足，甚至整学科的课程不开设的现象；在教师方面不可忽视和歧视"副科"教师的工作成绩，应与其他"主科"教师一视同仁，并根据学科的不同特点拟定相对合理的奖惩方案，为了孩子的全面发展，我们的决策者们更应该从合唱中吸取营养，寻求学校教育的均衡、和谐的发展，促进人才全面、均衡、和谐并具有其个性特点的发展。

作为教师（特别是音乐美术教师）不应把自己看成是一个特殊的"专业"、特殊的"学科"、特殊的"人才"。学校教育是一个大的"合唱队"，我们教师只是学校这个合唱队的一员，是一个声部中小小的演唱者而已；"演唱中"应注意倾听学校和老师们的声音，注意学生们的声音，注意发出的"声音"是否与学校教育合拍，是否有助于学校教育的和谐。要想"独唱"不要紧，首先要学会倾听，学会找准自己的位置，寻求与他人的和谐统一、和平共处，寻求"独唱"的欣赏者，在学校这个"大合唱队"里根据自己的特点，找准位置唱好"合唱"，为"合唱队"添彩，这样你才有机会成为领唱和独唱，甚至是指挥。

合唱既寻求的是一首歌、一个合唱队的和谐和统一，又注意寻求整台晚会的和谐和统一；而独唱在追求个性的同时，也在寻求与欣赏者——观众的互动，寻求观众与演唱者的和谐与统一。独唱和合唱都有一个目标就是——打动观众，寻求表演者与欣赏者心理的共鸣。学校教育也应该从内部寻求和谐，制造和谐，做好"演唱者"，培养出"德育、智育、体育、美育"全面发展的、健康向上的好学生；在校外树立形象、打动社会各界人士这些"观众"的心，让学校的教育成果，得到社会的认可和赞誉。

学校教育是一项师生共同进行的"大合唱"，学生也是这个"合唱队"的一员，是学校教育这个"合唱队"的主唱和主旋律的演唱者，只有在校长的指挥下，通过全体教师的伴唱和衬托，以及广大学生的共同演唱才能成功。课堂教学也是一样，一堂课的成功需要教师与学生在短短的四十五分钟内，在不断的、共同的修正中才能达到本堂课的教学目标，这个过程也是一个倾听、鉴别、寻求自己合适位置的过程，也和合唱一样需要寻求课堂教学的和谐与发展。在和谐发展的基础上，学生才有可能健康全面地发展。这些成功需要学校教育工作的合理安排，如：课程的开设、教师的管理与教师能力的开发、教师参与学校教育的改革与管理以及学生的管理、如何让学生树立主人翁的意识等等，这样才能使学校教育真正展现出"众人划桨开大船""同唱一首歌"的和谐局面。

学校教育的目标是培养全面发展的人才，作为学校教育中的引领者、发动者、执行者——校长和教师，必须明白自己在学校教育这个"大合唱"中的位置，帮助学生找准在学校教育中的"合唱声部和位置"，与广大学生一道留心生活、体味人生，试着从"独唱与合唱"中体味学校教育的轨迹，学会寻找和谐的"声音"，在工作中学会倾听、寻找和融合，学会改变自己的"声音"——言行，学会了找准和运用自己的"声音位置"——工作目标，学会在工作中营造和谐的方法。让我们学会倾听，找准位置，学会配合，促成和谐，使学校教育得到和谐健康地发展。

发表于《音乐天地》2010年2月（总第501期）

66

学会启动思维的车轮

人类的智慧是无限的，每个人都有具有自己特有的思维和智慧。

教育界是知识分子成堆的地方，教师是一个思维活跃的群体，有很多自己。"小聪明"，新课改实施五年多了，如何使教师的这些"小聪明"变得活跃；如何有效地启动思维的车轮显得非常重要。

思维的活跃，智慧的开启，就像车拉货物一样，不同的车辆装载不同的货物，不同的车辆有不同的速度；而不同的道路也呈现出不同的货物的载重量，和不同的车辆运行速度。

目标的选择是思维启动的导火索，人的思维一旦有了正确的目标，只要坚持就不会停息，智慧的火花就会不断地闪现。大货车与高速列车由于选择的道路轨迹和动力系统的不同，使它们各自的载重量和车轮的运转速度产生了巨大的差异。

人的学习和工作也是一样，如果你选择大货车通行的道路，因为路况的多样性、复杂性，以及各种各样的规定限制，你的知识的存载量，最多只能是一个大货车的载重量，思维的车轮也不会转得太快；如果你选择了高速列车的运动轨迹，由于它的"轨道"的特殊性，知识探究的动力就有了相对的明确性，特别是像磁悬浮列车的运动轨迹那样，知识探究的轨迹不但明确、快捷，还会有借力加速的空间；在知识的储备和载重量上也会大大地增加。

如：大科学家爱因斯坦、汉学大家季羡林、文学家余秋雨、杂交水稻之父袁隆平、交响乐之父贝多芬、钢琴家郎朗等等，都是正确地选择了自己在知识探究上的运行轨迹，在知识探究的动力和运行轨道的不断改进中使自己的知识载重量、思维车轮的运行速度在不断地改变和增加，借力发力的机会也在不断地增多。科学家、社会学家等有名的专家的做法如此，我们的教师也应该如此。

在教育的行业里，大到教育管理、整体的教育改革，小到学科教学，甚至于小到一节课的教学，我们教师也应学会正确选择自己的教育教学目标，学会启动自己的思维的车轮。

教育的管理者，在明确学生培养目标的前提下，根据本地区、本学校的特点选择好自己的运行轨迹和运行动力，特别是学校应根据所处的区域环境、经济环境、师资情况特点，选择好自己的发展轨迹和动力核心，办出自己的教育特色。

如：九十年代享誉全国的烟台市的素质教育特色，现阶段烟台市的"和谐高效思维对话"型课堂特色，潍坊市校长任命与管理特色，莱州的双语实验学校的生命教育和艺术教育特色，龙口实验小学语文的"大量读写双轨运行"特色，芝罘区工人子女小学素质教育特色，以及在九十年代初，为解决农村小学音体美学科教学的薄弱现象，我们推广的蓬莱市"农村小学音体美巡回教学制度"，还有很多省内外的教育教学成果等等。

这一些区域的、学校的特色的出现，加速了本区域教育和本学校教育的发展，提升了本区域和本学校的知名度和教学质量，为国家、地区教育决策的制定提供了条件和依据。在当时为我们的教育和学科教学，在管理上、教学上起到了催化剂的作用，起到了推动、引领的作用和价值。

在学科教学轨迹的探寻和铺设中，一节好课也需要一个快捷方便的道路——一个好的教学知识切入点，一个贯穿课堂教学始终的好的教学目标。有了目标再加上教师和学生的共同努力，才能使学生从中得到和承载大量的文化知识，才能启迪学生的智慧加速学生思维的车轮。

如获全国中学音乐现场课一等奖第一名的李秀丽老师的初中音乐课——《唱大戏》，她利用民歌音乐旋律走向与方言语调走向的关系作为这节课的教学切入点和教学目标，因为"歌唱是延长了的说话"，用一些有代表性的山东民歌如：《刨地瓜》《唱大戏》等的歌词，让学生用方言在朗读中慢慢地唱起来，教师适时地将歌曲的旋律放给学生听，学生会感到民歌音乐的旋律走向与方言语调的走向是那样的相像……

在这里复杂的民歌音乐欣赏的轨迹更直接、简单化了，学生的知识承载量却增加了；同时学生也学会了运用事物、观察事物的方法，启动了学生思维的车轮。

民族音乐可以这样做到，外国的经典音乐作品的授课也可以做到。如：获全国中小学音乐现场教学评比一等奖第一名的《大河之舞》这一课，它的成功，正如音乐教育家曹理老师所说的"《大河之舞》这节课的教学抓住了节奏，就等于抓住了教学成功的命门，起到了纲举目张的作用。"《大河之舞》是根据五年级学生的认知特点和规律，结合教学内容找到了本节课教学的切入点，并在课堂教学中贯穿了这个切入点、发展了这个切入点、完成了这个切入。《大河之舞》避开了没有舞蹈基础的学生在短短的40分钟内学习和了解踢踏舞的难处，采取以节奏为授课的主线，让学生在学习节奏的同时，潜移默化中感悟和体味踢踏舞音乐的特点及风格，从而达到欣赏的目的。由于课堂教学运行轨迹的确定和"铺设"，加上牢牢记住一堂课应在"教师和学生共同的、不断的修正中，达到教学目标的观点。"

通过合理、清晰的设计教学中的各个环节，教学中以小提琴演奏、伴奏和学生敲击节奏的方法，在不断启动智慧的车轮的同时，知识的承载量也在不断增加。《大河之舞》这节课，不只是让学生感受了节奏、表现了节奏，创造了节奏，组合了节奏，而且通过节奏的学习聆听了音乐、学习了音乐、了解了音乐、体会了音乐的特点和风格，达到了音乐审美的目的。所有学科好的课堂教学都有这样的特点。

在知识的承载方面，有时由于知识储存的方式、方法、内容和所用的承载的工具的局限，再加上储备的知识不能与社会、生活环境等方面有机的结合，这些已经装在"脑海里的"知识，就会缺乏动力，就会变成呆板的、死的知识，正如我们将某一个人称为书呆子一样，只勤于读书，不勤于思考，思维的车轮是不会启动的；如果不将思考的结果付诸行动，思维的车轮也不会快速地向前。

人与其他的动物的最大区别是人的智慧，人的大脑这辆货车，在承载知识的同时还应有取舍的功能，人们在装载知识时，应学会取舍，学会根据身边的一切和自身的情况吸收知识的精华装进自己的脑海里。就像两辆同样的货车，一辆装载着满车的海参，一辆装载着几十个不同编程的电脑芯片，两种货物的价值绝对是无法比较的；即便是价值相同，同样的车辆、同样的道路，载着这两种不同重量的货物，车辆的运行速度永远不会一样的。

所以在知识的取舍上，还应学会将知识转化为有价值的智慧，减轻车轮不必要的载重负担，生活的高速列车承载的是货物的质和量，知识的高速列车承载的是"货物"的价值。让知识的列车载的货多、跑得快，才是最好的。

学会学习、学会甄别、学会取舍，敢于探索、敢于创新，坚持不懈，在学习中吸取有价值的知识，在探索中将有价值的知识转化为有价值的智慧，坚持不断地创新，你就会启动思维的车轮，你就会所向披靡、勇往直前。

发表于《音乐天地》2011年11月（总第543期）

67

现代教师的重要素质——文化判断力

随着信息社会的到来，各种传媒工具、传媒渠道、传媒手段的广泛运用，各种文化也在相互的交融发展和传播。有些颓废文化和垃圾文化也借着多元文化幌子，利用各种传媒手段，正在不断的渗透、侵蚀着我们，侵蚀着我们的学生。学生能否健康的成长已迫在眉睫。记得有位专家指出：人们不可能也没有必要掌握所有的信息，而应该掌握的是"关于信息的信息"。

这里所说的"关于信息的信息"，就是对信息的判断能力和选择能力。如何鉴别文化信息的好坏和优劣，如何帮助学生选择健康的文化和生活，是我们教师的重要素质和重要任务。

在当今社会中，一些颓废文化借助媒体和各种传播形式，披着各种诱人的外衣不断向我们涌来；特别是充斥网络的灰色的、黄色的、恐怖的等垃圾文化，正在直接或间接污染着我们学生的心灵，甚至让学生形成扭曲的人格。

国家三令五申要弘扬民族文化，弘扬民族正气，随着社会经济、文化的发展，信息化社会的到来，影视媒体已基本普及了，电脑网络也逐渐遍及千家万户，再加上报刊等多种媒体的传播，人们在不知不觉中接触和认识了多种不同的文化，在这些文化传播的过程中，不可避免地掺杂了一些颓废文化和垃圾文化；面对颓废文化和垃圾文化的渗透、侵蚀，最容易受影响的是那些未成熟、辨别力差、可塑性强的学生，他们好奇心强、喜欢刺激，喜欢新鲜，缺乏判断力，很容易成为颓废文化和垃圾文化的俘虏。如何避免他们被这些垃圾文化侵蚀，需要国家、社会、各种传媒的共同努力，更需要我们广大的教育工作者不懈努力配合教育。

但是，由于长期的社会影响，和对人文教育的忽视，教师普遍存在对西方文化认识不清，对本民族文化了解不深，对网络文化缺乏前瞻性的研究等现象。

一个教师如果没有敏锐而正确的文化判断能力，不能辨别各种文化的真假、伪善，不能从中国国情出发去了解文化、认识文化、传播文化，当学生在接触各种文化的时候，就不能对学生的文化意识进行正确的引导。得不到老师的正确指导，有些学生就会把一些不健康的文化作为时尚、作为"我的所爱"。

如：通俗音乐的理解与界定，网络文化的吸取与摒弃，不同年龄结构文化的理解与认识等，都需要我们的教师们的引导和教育才能步入正轨、健康成长。所以，要使学生在健康的文化氛围中成长，首先应提高教师的文化判断力。

文化判断力，是指对各种文化的鉴别、理解、整合、判断的能力。它需要有广博的知识基础，有对纷乱复杂的文化进行鉴别、并能分清其优劣和善恶的能力。

什么是教师的文化判断力，首先教师应有较高的文化素养和广泛的兴趣爱好，应多读书、读好书，了解多元文化。

课程标准要求我们培养的是"德、智、体、美"全面发展的学生，要求学生了解多元文化，做到"多能一专"，而我们的教师却抱着自己所教的学科，闭关自守，不去了解相关文化，不懂文化间的融合，还美其名曰：我是搞某某某专业的，更有甚者凭着个人的喜好去判断文化的好坏，这样怎么在多种文化面前去引导学生，培养学生？所以，教师必须多读书、读好书，多注意各种媒体的文化传播内容，了解多元文化，在学习中学会鉴别。

其次，树立正确的价值取向，读懂人与文化的关系，客观、正确地鉴别和对待学生的思想、文化、行为倾向。

要教育学生就要了解学生的内心世界，千万不要只看学生的表面，避免断章取义的判断和引导，这样不会引导学生步入正轨，因为，文化与人之间是互为取向的，有的文化适合于这个人，有的文化又适合于那个人；而由于人与人的生活环境、年龄特点、性格特点等方面的不同，对于文化价值的取向也不尽相同，如果不认真的分析文化与人的关系，不能正确地对待学生的价值取向，就不能引导学生向健康的方向发展。

第三，教师还要努力成为文化的研究者和拓展者，认真研究中西文化和网络文化等领域的各种文化，并对各种文化有较强的鉴别力、理解力、整合力和前瞻性。这样，教师在指导学生时才能得心应手。

另外，新事物、新文化的不断出现，要求我们的教师的观念要不断地更新，不断地发展。如2008年的青年歌手大奖赛中，首次将"通俗唱法"改称"流行唱法"，这一改动看似简单，却润含着思维和观念的改变，它与国际文化的交流和国际文化发展轨迹的接轨。"原生态"唱法的表述，说明原中国的民族唱法，应归位于"中国唱法"，它是中国的美声唱法，"原生态唱法"才是中国的民族唱法。

这些问题看似简单，实际蕴含着我们教师的观念是否具有发展性，教师观念的不断发展，为学生提供了更多的学习范围和发展空间，也为学生提供了学会文化鉴别、认识文化发展的知识和方法。

总之，要保护我们的民族文化传统，确保学生不受颓废文化的影响和侵蚀使我们的学生在健康的文化氛围中成长，我们教师必须有较强的文化判断力。

2008年11月

68

何谓经典

何谓经典？经典的艺术作品有哪些特征？

经典，是指具有典范性、权威性的；经久不衰的万世之作；是经过历史选择出来的最有价值的、最具代表性的作品。

经典作品具有典范性、权威性、有价值，理性表现较多。反映的是思想和事物的内涵。

生活中从来都没有完美，因为美的存在是在客观物象的比较中产生的。

每件经典的艺术作品在主题的呈现上，或者顺势渲染，或者逆势宣泄，总是在寻找突破中确立主题。

在艺术传承表现上，无论是曾经的、时代的、传统的、经典的都应建立在艺术美的基础之上，不是复古和模仿、照搬，要懂得艺术的升华、升华的艺术。

没有升华，再经典的艺术作品，也难成为永远的经典，更不能流芳百世。

经典艺术作品的主要特征，是能够产生人们心里共鸣的，有深远文化思想内涵的，经得起时间、时代、文化发展、政治考验的、具有鲜活的文化艺术内涵，会被人们所推崇的艺术作品。

经典所在，体现的是博爱、真诚、纯洁、向上的，具有求真、向善、尚美的思想价值。

无论是悲剧作品，还是喜剧作品，都离不开对真善美的追求和诠释。

2017年11月于淄博

69

文化是什么？

文化是什么？

文化是生活的积淀，是环境的历练，是经济的助推，是经验的总结，是交流的升华，是批判地继承而产生的非物质的却又离不开物质的"东西"。

它不是文字，文字代表不了文化。

文字只是文化的载体，而文化不单单只是文字的呈现，他还有一个人的良好行为的形成；还有在生活经验的积累中，形成系统的、有内涵的，有价值的生活形态；还有社会秩序、社会公德的形成和呈现；是个人道德行为、区域生活形态、社会发展积淀的结晶。

文化是思想、行为、语言、环境、经济、科学、社会体制等方面的综合体。

当一个人把所学知识、生活经历、行为规范、处世态度内化为自己的性格，就有可能形成自己的文化，也会被赞赏为"有文化"。

有知识不等于有文化，有文化一定有知识。

2016年4月

70

有心情

绘画是用画笔表达心情，那些景和物、线与色都是心情表达的语言。

好的心情会画出积极向上、色彩靓丽的画卷。

特定的主题性作品，需要的是与主题相适应的文化和心情，只有文化没有心情的艺术作品，是不会打动人的。

在工作中，每个人也应该重视自己的心情。

有心情时，工作顺利、事业有成；无心情时，工作永远也不会达到理想的目标。

工作中，不管遇到什么样的困难和不愿意，一定要为自己找到一个可以转换心情的理由，一个心甘情愿的理由，这样就会静下心，踏踏实实地去做好每一件事情。

好的心情，是工作和人生的法宝，要想绘出自己最美丽的人生画卷，必须时时处处保持一个好的心态和好的心情。

有了好的心情，才会有色彩的生动和感人，无论是绘画，还是人生。

有一个好智商，不如有一个好心情。

2014年5月16日观美术课有感

71

盆景艺术

盆景艺术是一种悲剧艺术。

人们将植物枝条生长的方向和生长的自然形状扭曲、变向，并将它囚禁在本不属于自己生长环境的花盆里，这是用植物的悲迎合了人类的审美标准。

悲剧是把美好的东西毁灭给人看。

盆景艺术是剥夺了植物生长自由的艺术。

教育的原则是"因材施教"，是根据学生的个性特点、知识结构特点、兴趣爱好方向，进行有针对性的计划和规划学生的发展轨迹，不是用一把尺子，把学生变成工厂流水线上生产出来的产品。

因为教育是"灵魂"的构建，教师是"人类灵魂的工程师"，一个"灵魂"的形成，永远不会是千篇一律的。

教师和家长一定不要把自己的"梦"，强加给自己的孩子和学生，让孩子去实现"您"的"梦"，那样就会像盆景艺术一样，把孩子禁锢在您"梦"中的环境里，得不到宽阔丰厚的土壤滋润，得不到自己想要发展的空间和方向，无奈地在您"梦"想的轨迹中扭曲自己，形不成自己的人格。

艺术中有悲剧之美，生活中一定要避免出现悲剧，对于孩子的培养一定要记住"引领和疏导"，而不是"强调和强化"。

记住：学校教育不是设计孩子圆你的梦，而是发现孩子的优势圆他的梦。

教会学生去圆自己的"梦"。

2014年8月20日于唐山

72

对经典的传承

　　传承是继承和发展，对优秀传统文化的传承，不是复古和模仿、照搬，要懂得艺术的升华、升华的艺术。无论是曾经的、时代的、传统的、经典的都应建立在艺术美的基础之上。

　　没有升华，再经典的艺术也难成为永远的经典。

　　文化的传承，是对优秀文化的继承，是去其糟粕、取其精华的再创造。

　　中小学校的文化传承，重在继承和理解，是让学生在模仿、实践、体验中感受经典，在学会中承接经典，在理解中感受经典、传播经典。

　　传承，是文化的延续和继承，是发展的继承。

　　一个民族，没有文化的传承和延续，这个民族就不会有文化的存在和存在的价值，没有继承、创造、发展就没有文化的发扬光大。

　　如果，文化的传承只是一味地模仿和照搬，而无继承和创新，就会把民族的经典文化变成曾经。这个民族也会逐渐消亡。

　　不要把经典变成曾经，那是践踏艺术，践踏经典。

2014年10月观摩课有感

73

春的萌芽

春的萌芽，春的新蕾，展示着春的生机，歌颂着春的美好。

然而，可知春芽的新绿，花蕾的绽放，在茫茫而漫长的冬季，又经历了多少风霜雪雨；

不要只想着春的美丽，要知道这美丽是多么的来之不易。

我们生活中思想的迸发、观念的形成也是如此。新的想法，总是经历着困难的磨砺与冥思苦想的煎熬。

从《春天的故事》到改革开放三十年；

从第一颗原子弹的研制成功到神舟飞船的飞天壮举；

从第一辆"解放牌"汽车的诞生到高铁在神州大地的飞驰；

从两万五千里长征到世界各国所赞赏和积极参与的"一带一路"……一系列的成功和壮举，都是在如严冬的艰难困苦中完成的。

没有风雨，哪会有彩虹；没有中国共产党人为了劳苦大众得解放，抛头颅洒热血、艰苦卓绝的奋斗，哪有今天伟大祖国的日新月异。

美丽的背后有辛酸和困苦，更有血泪和汗水；美丽背后的故事，同时也需要发奋图强。

有想法就要去孕育、去实施，不要把自己的想法埋在泥土里，不管困难有多少，只要有正确的目标，只要有坚韧不拔的精神，就一定会编织出"美丽的故事"。

有想法不去实施，永远只是别人不知的想法。

让想法破土、让思维吐蕾，你的思想才能绽放，才能让人们看到春一般的思想。

2016年4月11日

74

我看课程设置

最近，我对小学三年级的课程开设和课时安排进行了浅显的探讨，发现各学科课程的开设与课时安排差异很大。

小学三年级的课程设有：语文、数学、英语、音乐、体育、品德与社会、综合实践活动（探索活动、科学、信息技术等）、地方课程（校本课程、国学启蒙、阅读等）。

地方课程和综合实践活动所含门类共占5个课时；音乐、美术各占2个课时，共4个课时；体育3个课时，体育活动2个课时，共5个课时；品德与生活2个课时；这些学科共有16课时，而国学启蒙、阅读设两门课程，严格地讲应该属于语文学科，减去2个课时，共有14个课时。

再看看语数外三学科的课时，语文7个课时，数学4个课时，英语3个课时，共14个课时，加上国学启蒙、阅读这2个课时，共有16个课时。

语数外三学科的总课时与其它学科的总课时比是16比14，课时比例与学科数量的比例是相反的；而学生从学校毕业后，在社会上的运用情况，用得多的是其它学科的内容，而不是语数外学科，生活中的使用比例又是反过来的……

在日常生活中语文、数学、英语三学科的知识运用，应该只占三成，而其他学科应该占七成；人的基本素质和综合能力的形成，单靠语文、数学、英语也是不行的。

曾经，山东省的高考增加了基本能力的考试，它包含了除语文、数学、英语之外的：音乐、美术、体育、政治、历史、地理、化学、物理、信息技术、通用技术、综合实践活动；既然这些学科被定名为"基本能力"学科，学校不开设，或者开设不足、不好，一个人的基本能力又如何形成？

所以，学科教学的课时安排的"三七开"；学校对不同学科认识程度的"三七开"；以及在实际生活中，各学科应用情况的"三七开"；就会像甜美的爱情一样形成倒挂，人在社会上的生存就会不稳固。

另外，当前学校的课时安排，除了体育活动课外，已经没有了在校内的机动时间，没有了课时安排；在这种情况下，学生的兴趣小组：科技、艺术、探索活动、实验等活动又往哪里安排？

这些原因，并不是音体美等学科该停，而是语数外占用的课时已经太多，我们的语数外任课教师还在喊课时不够；有的学校为了语数外三门课程还在挤占其他学科的课时，这是不应该的，应该给学生一个实践的空间、快乐的空间，使他们的能力在实践中得到锻炼。

另外，语数外三个学科上不完课的症结，出在教材的编写知识下移过多，教材的内容过多，课堂教学不能完成。

国家课程标准明确规定让学生学会学习、学会探究，没有给学生探究的时间，学生如何去探究？教材容量过大，教师没有拓展的空间，更没有可探究的时间，又如何让学生学会探究？而音乐、美术教材的内容只占课时的70%左右，剩下的30%左右的课时是让任课教师去拓展的；教师有了时间，学生也有了时间；只要教师认真的研究教材，了解学生的需求，积极主动地按课程标准的要求上好每一节课，每一节课都给学生留出实践的时间，学生对于多元文化的了解会很多，探索活动的时间也会很多；学生运用知识、了解社会的意识会不断的增强，综合素质也会得到不断的提高。

　　说了这么多，并不是说音乐、美术等学科，在学生能力培养上要多么优于语文数学，而是说在现行的情况下，我们的学校如何补救课程设置的缺陷？补救的措施就是：开齐开足开好所有的课程，认真上好所有学科的每一节课。

　　向课堂教学要质量、要效率，这样才可能弥补现行教育的不足。

2008年11月

75

人，生气时为什么会大喊？

人生气的时候为什么会大喊大叫？

人生气的时候，心与心之间的距离相隔的比较远，为了让对方听见，就会大喊大叫；

但是，越大喊大叫，心与心之间的距离相隔的会更遥远。

相反，当男女恋爱时交谈的声音会很小，小得近乎于耳语，这时两个人心与心的距离会靠得很近；当语言交流的声音逐渐消失，变成眼睛与眼睛的眼神交流时，两颗心已经融入了一体。

这里想让老师们感受到的是：

一是，理解问题的角度应多元化。

二是，尽可能做到与学生心与心的交流。

三是，课堂教学中授课语言、问题的设定应贴近学生的年龄和生活特点，用生活的语言解释理论，而不要用专业化、理论化的语言授课，这样教师和学生心与心的距离会越来越远。

读懂学生，学会站在学生学习的角度思考问题；走近学生，与学生交朋友，用心沟通；理解学生，尊重学生，用适合的语言、有感情的语气，去影响学生。

教学如交友，教师在教学的过程中应学会与学生交心。

交心至上，避免生硬的说教和不切实际的理论灌输。学生会喜欢课堂，教学质量也会提升。

用心交流是课堂教学质量提升的关键。

2007年10月

76

解字游戏——"校"的含义

在前面，做了"声望"一词的分析。今天，我们再分析"校"字的含义。

字的组成分析：

信息：别人的言语传到自己的心里

休息：人躺在木床上，把自己的心放下。

读音、含义分析：

学校的"校"，有两个读音，一个读音是"校"（xiào），另一个读音是"校"（jiào）。

校（jiào）的解释，一是校正的"校"，二是调校。

校：就是将一块块不规则的木头进行修正，使其成为各种有用之材。

在学校教育中，教师是"木工"，校长是"木工的工头"，学生是"木材"。学生在学校这个"木工车间"里，接受修正，接受挑选，使其成为不同行业的"栋梁之才"

学校是让学生在接受教育的过程中，从行为习惯、学习习惯到人格的形成都得到"修正"，得到知识的丰富和人格的完善。

是让学生在学校自己得到"修正"的同时，学会"修正"的方法，踏进社会后，去修正社会、创造美好生活。

2008年2月21日

77

基本的音乐素养

中小学音乐教育是普及教育，不是技术教育。是培养学生基本的音乐素养。

中小学生基本的音乐素养，就是掌握一定的音乐基础知识和基本技能，对音乐的内容和现象、音乐的创作方法与过程、音乐在社会中的价值和作用等方面有基本的了解。

学会运用音乐基础知识和基本技能，读懂音乐，理解音乐，提高审美能力。

基本的音乐素养，不仅仅指的是对基本的音乐知识与技能的掌握，更重要的是应该具备基本的艺术态度。

这些态度主要包括这么几个方面：

第一，有敏锐的听觉意识，对听觉现象和音乐作品能作出积极的反应；

第二，能自觉、自信地运用各种音乐表现手段和方法表达自己的观念和情感，追求艺术化生成；

第三，能不断追求更高的审美品位，又保持自己独特的审美趣味。

音乐学科的核心素养是审美感知、艺术表现、文化理解。综合起来就是音乐审美能力。

　　基本的音乐素养，就是感受美、欣赏美、表现美、应用美、创造美的音乐审美能力。

2010年4月

78

冰山一角——人的意识图解

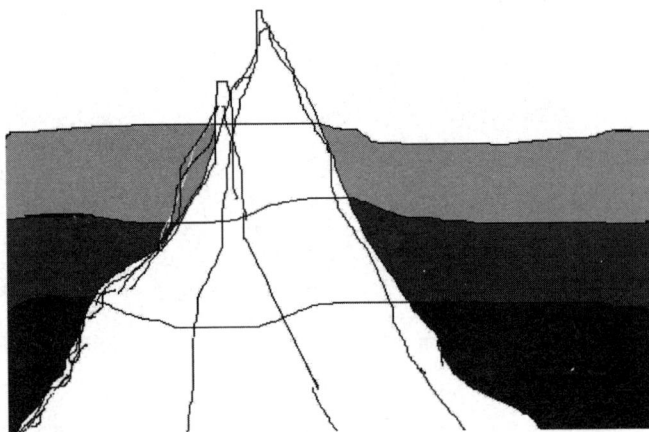

我想用上图中的海洋中的一座冰山分析一下人看待事物的意识。

此图的结构在心理学中的"意识"含义是：

1. 露出水面的冰山一角，代表——表意识。

2. 水面下第一层（即浅蓝色的一层），代表——下意识（即潜意识）。

3. 水面下第二层（即蓝色的一层），代表——表潜意识。

4. 水面下第三层（即最下面深蓝色的一层），代表——深层潜意识。

从图中所示。

在日常生活中，我们家长和老师只看到的是孩子的冰山一角——

表意识，感觉到的是孩子的第一层——下意识，很难注意到孩子的第二层——表潜意识，更注意不到孩子的第三层——深层潜意识。

也就是说——看到不等于注意到。我们更多地只是看到孩子的表面，没有真正注意到孩子内心深处的东西。

请看下面的试验：

让孩子写出"（   ）＋（   ）＝9"。孩子会写出很多"1+8=9、2+7=9、3+6=9"等算式。

当孩子把其他算式都写对了，只出现一个"5+7=9"的错题时，我们家长一定会很着急，会借着该题对孩子进行很严厉的批评，会说出："笨""没头脑""不认真"等等的刺激性的话语，不会注意99%做对的题，不会注意孩子当时的心理感受。

这一实验说明：我们只看到了缺点，看到了表象，孩子有再多的优点也没有看到，更不管用。

这时，孩子的心里是怎样的就可想而知了；这样的教育会有好结果吗？答案是否定的。

所以，我们的教育，要重视观察学生的一点一滴，不要急，要客观，要耐心，要看到孩子的长处，学会表扬和鼓励。

这样，学生的心情会好，也愿意接受您的教育，并会树立信心，好好学习。

2008年3月

79

读懂教材

教学中，读懂教材是课堂教学的基础和关键。

在备课的过程中，如果想要有一个行之有效的好的教学方法，就必须读懂教材。

读懂教材，才能产生想法，有了想法才会有适合的教学设计和教学方法。

如何读懂教材？

教材的识读，不是简单的读而是在读的过程中要思，还要想，还要学会从不同的角度发现问题并寻找到有效解决问题的方法。

这种读懂难度很大，它是建立在教师自身的专业能力、生活经验、知识储备等综合素质之上的。

专业素质不足，读不懂教材中的专业知识内容；综合素质不强，发现不了教材内容与生活的关系，发现不了好与不好的原因所在。

如：小学二年级的歌曲《数蛤蟆》，所传递的音乐信息不是简单的儿歌和儿童游戏童谣。

这种 5 3 | 5 3 | 5 1 　2 | …… 的旋律和节奏的特点，如果从生活的角度去思考，你就会发现，这一主题音乐所传递的信息像是一个父

亲或母亲挑着担子走在田埂上，担子的两端框里，一个装满秧苗、一个放着孩子，孩子在框里或哭、或笑、或闹，父母挑着担在与孩子对话，讲故事。

讲蛤蟆的故事，"一只蛤蟆一张嘴……"。

这样的景象，经常出现在南方的插秧季节，而这首歌曲又是四川童谣；所以，在稻田间、垄上行、陇上语加上挑担的步伐和挑担颤巍巍的节奏，才生成了这首歌曲的风格特点。

如果，只是理解成孩子们在水潭边嬉戏、数数蛤蟆的表现，就有点浅了。

如果，教材分析得透彻，音乐的作品形象就会解读得准确，教学目标、教学过程设计、教学方法选择，就会准确、适合、有效。

所以，读懂教材，首先应做到的是读懂自己，丰富自己。

2014年11月18日于烟台

80

学会认识和利用音乐教材

　　教材是知识的载体，是教师传播文化、实施教育的工具和依据，教师是教材和学生之间的纽带和桥梁。也就是说，教师的教育教学行为是在教育理念的背景下展开的，不同的思想观念支配不同的行为。

　　音乐学科教学，也有其教育理念和教学意图，教师在使用教材时必须认真分析教材，重视和了解教材编写者的意图，注意教材的系统性，注意学生这个学习的个体；必须明确教材的载体作用，利用音乐教材和音乐课来传播音乐文化；必须处理好教材、教师、学生三者之间的关系，按照新课程标准和教材的要求，结合自己和学生的实际来实施教学。

一、学会分析教材注意系统性

　　新课程标准实施至今，教师的教育理念有了很大的改变和提高，但在使用教材方面，有的教师还只是照本宣科、断章取义，缺乏对教材的系统性了解。

　　以人民教育出版社的音乐教材为例：教材的每一册都有大型的音乐活动，让学生在音乐活动中感受音乐、探索音乐、创造音乐。一年级上册"用音乐编辑故事""音乐探宝"。一年级下册"我家门前有条河"。二年级上册"森林小卫士"。二年级下册"动物联欢会""童谣说唱会"。三年级上册"小小音乐剧:蜗牛与黄鹂鸟""趣味运动会"。三年级下册"音乐情景剧:森林的故事"。四年级上册"热闹的集市"。四年级下册"小小音乐剧:东郭先生与狼"。五年级上册"古诗朗诵演唱会"。五年级下册"小小音乐剧:渔夫和金鱼的故事"。六年级上册"新年音乐会"。六年级下册"毕业晚会"等等。

上述活动的开展,既能培养学生的自信心和独立探索的能力,又能培养学生间良好的合作意识和在群体活动中的协调能力、控制能力;在统一的音乐活动中,发挥学生的特长,挖掘和展示学生的个性。从这一层面就可充分体现教材在传授音乐知识、开展音乐实践活动等方面的逻辑性和系统性。

二、理解和运用教材的载体作用

音乐教师是利用音乐课来传播文化的,音乐教材是音乐教师在音乐课堂上传播文化的依据和载体。把音乐学习置于文化的大背景之中,与相关文化紧密结合,不仅与美术、舞蹈、戏剧、影视等姐妹艺术相结合,也与地理、历史、文学等相结合,这种例子在人民教育出版社音乐教材中比比皆是。

例如:为诗歌配乐,为一幅画设计音乐,在欣赏某首乐曲时了解乐曲诞生地的地理、历史、风土人情等,这不仅可以帮助学生更好地理解音乐,也拓展了学生的视野、丰富了学生的人文素养。再如《五十六朵花》这一单元从一年级一直延伸到六年级,使学生从小就受到各民族音乐文化的熏陶。

另外,教材中外国音乐作品几乎遍及五大洲,南美、非洲、东南亚等一些地区的音乐作品过去常被忽视而进不了教材,现在的教材中都有了相关的内容，这就能帮助学生储备知识，能够扩大学生的音乐文化视野，能够使学生理解不同国家和地区的文化，树立平等的多元文化价值观。

三、处理好教材、教师、学生三者之间的关系

教材是新课程标准的具体体现。新的课程标准提出了很多有关教师教学、学生学习的要求。

如：以教师为中心的模式向以学生为主体参与为中心的模式转变，提倡探究性学习，让学生学会学习的方法等等。也就是说在课程标准的指导下，教材就好像一艘船，教师就是船上的艄公、舵手，搭载着学生在知识的海洋上遨游；学生们在老师的指导下搜寻着、索取着所需的知识，学习和运用着获取知识的手段，实践着探究性学习、终生学习的习惯和方法，培养学生在到达彼岸后，有自我选择、自我探究、自我发展、自我学习、终生学习的能力。

所以，教师必须认清自己在教育中的位置和作用，学会利用教材，学会利用自己的位置和所学知识，学会引导、启发、培养学生，发挥教师的主导作用，挖掘学生的潜能并使之达到极致。必须从教育和社会的脱节现象向紧密联系社会的生产生活实际转变；必须从过多的统一要求向追求教育的多样化、个性化发展转变。必须不断吸收和学习国内外先进教育理念丰富自己，以适应现代教育工作的需要。教师要运用好教材这艘船的载体作用，发挥好教师本身舵手和主导作用，引导学生到达学习知识的彼岸，让每个学生都具备发展自己、适应社会，为社会创造价值的能力。

在音乐教学中，教材内容中还有很多值得分析、挖掘、向学生渗透知识和观念，有很多应培养的能力；这里，只就教材的系统性，教材的作用，以及教材、教师、学生三者之间的关系三个方面作一个浅

显的分析，希望能对我们音乐教师起到一个抛砖引玉的作用。

发表于《音乐天地》2007年9月（总第444期）

81

学会大胆

学会大胆。

这里想说的是社会上流行的一个现象，说"这个人工作能力强，胆子大，有创新"。

我想说，胆子大有闯劲是好事，但不是乱闯；胆子小的人不一定不好，不一定能力不强。

胆小的人往往是守纪律的。但是，如果是因为怕事、怕出现问题、怕领导批评而胆小，这种胆小是不可取的；只是看着领导的脸色行事，怕领导生气，这种胆小是可悲的。

在法律法规约束下"胆小"的人，是有约束力的、可敬的、有做人底线的人。

胆大能干、有创新精神和开拓精神是好事，但一定要建立在遵纪守法的基础上，离开了遵纪守法，就会出现问题和错误，就会走上犯罪的道路。就像某些贪官一样，胆大妄为，给社会发展和人们的生活带来灾难。

工作中需要"大胆"，需要闯劲，同时也需要心细，需要遵纪守法，要守住做人的底线，切不可肆意妄为。

"大胆"，必须要有纪律的约束；"胆小"，就要有心细、避免错误为目的的心态；当"大胆"与"胆小"、闯劲与心细融为一体，你的工作就会做出成绩。

我们应看清和守住做人、遵纪守法的底线，大胆地为人民谋福祉，这样的大胆才是人民的需要。

所以，我们更要学会大胆，学会细心分析、领会国家政策的精髓和要求，依据国家政策，在遵纪守法、守住做人的底线的前提下，为祖国、为人民去大胆创新。

大胆与心细相伴，守纪与做人相随，创新与政策接轨，是做事、成事的保证，也是做人的根本。

2015年3月6日于烟台

82

个性与沟通

一个人的成功，多么的努力和多么的聪明过人都是次要的，主要的是对事业的执着和坚持。

人类社会的发展，是在适应的过程中创新发展的，不适应社会发展的创新，是没有生存空间的。

不适应社会发展要求的创新99%会夭折，没有创新的社会也很难发展。

个性不存在于成熟与否。

个性的存在和被认同，表现出来的只是适应、适合；因为个性是一个人个体色彩的体现，不同的个体色彩所传递的信息，只要能够适合所处的生活环境，并在这个环境中生存、成长、成功，才是世人所说的所谓的"个性成熟"。

大众在认同一个人时，是对其处世方式的理解；大众对个性的认同度就是处世方式，处世方式成熟与否之分，表现出来的就是直与圆，而不是人的个性。

影响力，就是一句话顶一万句的能力。

知识的学习是补充，是个性品质的丰富。

一个人的优秀品格源自于尊重别人，是内心修为的体现，真正的谦恭与豁达是品格与智慧的结晶。

　　个性的形成，是在生活、学习、工作中形成的。关注什么就会强化什么，关注行为就会优化行为习惯，关注语言就会优化表情达意的能力，关注沟通就会形成良好的处事能力。但是，有时这种关注会是反向的，如关注睡眠就会失眠，关注缺点就会纠正错误。学会关注，用好关注，就会形成良好的个性。

　　有个性是好事，但更要学会沟通。

　　沟通、沟通，有沟才有通的条件，沟通的成效在于信任感——公信力。人格就是行为的一致性和一惯性，好的个性会形成好的人格。

　　一个人做事，不要想自己有多大本事，把事情做好，自然会有人看到你的本事。"个性"太强，往往有可能产生自大；自大太重，就会少有朋友；朋友是要用情感来维护的。

　　成功不是让周围的人都羡慕你、赞美你，而是让周围的人都需要你、离不开你。

　　被人需要胜过被人感动。

2017年10月

83

爱是人类发展的动力

人类社会，是有情感的社会，是由爱与恨支撑起来的社会。

人与人相爱，就会有爱的结晶，生命的延续。

一个人爱自己的事业，就会做出成绩，就会为社会发展做出贡献。

不爱，夫妻就不会和睦，家庭就会破碎；

不爱，社会就会混乱，经济就会倒退，文明就会毁灭，人类社会就不能发展。

有爱就会被爱。

对爱人有爱，就会得到爱人的爱。

对工作有爱，工作就会出成绩，就会得到领导的赞赏，同事的认可。

对事业有爱，事业就会成功，就会有人爱戴，有人敬佩。

不爱就恨，恨则会一事无成。

世间万物，因爱起源。

人类社会因爱发展，

在逆境中有爱，就会产生生的欲望。

在顺境中有爱，就会追求生活的美好。

爱的心态是积极的，爱的情绪是向上的，爱的步伐是向前的，爱的心境是宽广的，爱的动力是无惧的，爱的力量是无限的。

爱是社会发展的动力。

2018年12月3日于南京

教学篇

历史的价值不在事件本身，而在于对
事件的经验总结和问题剖析。

用思想成事　教书育人

84

学校美育的目标和任务

习近平总书记在全国教育大会上指出，要全面加强和改进学校美育，坚持以美育人，以文化人，提高学生的审美和人文素养。

在给中央美术学院老教授回信中，习近平总书记强调："美术教育是美育的重要组成部分，对塑造美好心灵具有重要作用。你们提出加强美育工作，很有必要。做好美育工作，要坚持立德树人，扎根时代生活，遵循美育特点，弘扬中华美育精神，让祖国青年一代身心都健康成长。"

国务院办公厅《关于改进和加强学校美育工作的意见》（以下简称《意见》）中指出"美育是审美教育，也是情操教育和心灵教育，不仅能提升人的审美素养，还能潜移默化地影响人的情感、趣味、气质、胸襟，激励人的精神，温润人的心灵。美育与德育、智育、体育相辅相成、相互促进。"学校美育是普及教育，是培养公民审美素养的教育，其重点是美的认知、美的体验、美的探索、美的思考。

《意见》中指出，学校美育的目标是"以立德树人为根本任务，把培育和践行社会主义核心价值观融入学校美育全过程，根植中华优秀传统文化深厚土壤，汲取人类文明优秀成果，引领学生树立正确的审美观念、陶冶高尚的道德情操、培育深厚的民族情感、激发想象力和创新意识、拥有开阔的眼光和宽广的胸怀，培养造就德智体美全面发展的社会主义建设者和接班人。"

发现美的眼睛，感受美的灵魂，创造美的素养，是学校美育的目标和任务。学校艺术教育是实施美育的重要途径，是通过艺术教育培养学生发现美、感受美、创造美的能力。

学校美育工作的开展，重点是艺术教育的质量，由于民族和国度的不同，其文化、生活、制度等方面的美的体现也不同；一个民族、一个国家都有自己引以为豪的"美"，学校艺术教育应以文化自信为核心，用发现美的眼睛去发现、探索、发扬光大民族文化，做到"以美育人、以文化人，"树立中华文化自信。

用中国人的眼睛探索发现中国文化、政治、经济、社会各方面的美，用自己的方式去理解、判断、找准对外来文化欣赏吸收的契合点，吸收世界文化艺术等方面的美，做好中国文化之坚守，丰富中华文化，传承中华文化，重塑中华民族文化自信，是推进学校美育的重要任务。

2018年10月全国教育大会有感

85

情感态度价值观

　　《音乐课程标准》中将"丰富情感体验，培养对生活的积极乐观态度；培养音乐兴趣，树立终生学习的愿望；提高音乐审美能力，陶冶高尚情操；培养爱国主义和集体主义精神；尊重艺术，理解多元文化"作为音乐课程目标中的"情感态度价值观"目标。

　　在艺术课程的教学过程中，情感态度价值观目标的实现，首先要"情感目标"。

　　音乐是情感的艺术，正确的情感树立，是音乐学习的第一步，有了正确的情感，才会有正确的学习态度和人生态度，才能树立人生价值观。

　　情感态度价值观，这一教学目标的创设，是课堂教学情境创设的关键，只有理解了每堂课的情感态度与价值观，并设计出有效的教学过程和方法，才会唤起学生的共鸣。

　　有了情感就可能产生意向，有了意向就可能产生欲望，有了欲望就可能产生思变，有了思变就可能产生创意，有了创意就可能有创新，有了创新就会形成能力。

　　正所谓交流情为先、兴趣情激发，能力形成是情感的推动。无情万事无。

2014年10月27日于菏泽

86

艺术重在表达

艺术表现重在内容而不在形式。

艺术形式只是艺术内容表现的载体，艺术内容的表现需要的是内涵的外延；这个外延就是"情感"，是表演者利用高超的艺术技巧和高深的艺术造诣，把艺术作品的思想情感诠释和表达出来。

艺术形式，是这种外延的手段和方法，一场演出的目的不是表面的辉煌，而是要打动人心的，因为艺术是情感的艺术，艺术是心灵的语言。

艺术重在表达，而不是表现。

"表现"呈现的只是形式之美；而"表达"是表现和达到，是在呈现形式之美的同时，将艺术作品的文化、思想内涵呈现出来，送达到欣赏者的心里。

有心的感受，才能证明艺术的存在；有心灵的触动，才能明白艺术之美，才能体味艺术存在的价值。

艺术的核心是情的传递，任何的艺术都重在"情"的表达，而不是表现。

如：合唱中只注重声音、队形、气氛的表现是打动不了观众，因为"表现"是表面的呈现事物的表象，走不进观众的心里。

"表达"是表述上的达到，是把要传递的信息送达到观众的心里，所以，艺术重在表达，而不是表现；重在情感的传递，而不是形式上的华丽。

声乐表演（合唱）如此，器乐、戏剧、舞蹈、朗诵等艺术的表演也是如此。做好表达，把艺术作品的情感内涵送达到观（听）众的心里，让之感动，使之升华，才是艺术表演的目的。

艺术在于感受，这种感受是心灵的触动。

在心灵感动中，体味到艺术的魅力，不管是什么演出，一个节目，一台演出，一件美术作品，都要注意艺术内容的表达。

也就是说要在艺术作品所表达的思想上下功夫，而不是在外在的形式上下功夫。

因为艺术重在表达，而不是表现。

2015年5月14日观演出有感

87

艺术是由于美和不同而存在

艺术是由于美和不同而存在，是在不同的创新中体现着美的意和情。

创新，是在求异中生成的，是不同于人们所认为的现象，而这种创新在赢得了大多数人的认可和赞美中才产生了美。

美是一种认可，也是一种存在。

任何的经典艺术，都是有自己的风格和诠释艺术观点的特色。

如贝多芬的《第五交响曲》，将对"命运"的抗争和执着等都以音乐的形式展现出来。

歌曲《松花江上》，又是将对国土沦丧和人们生活的困苦、流离失所表达出来，歌曲《河边对口唱》则表现出了人民"打回老家去"赶走列强的决心。

这些都是在特定的社会环境里，把人民反对压迫、反对侵略，把日本侵略者赶出中国的决心，以特定的音乐形象进行诠释和渲染，形成特定的音乐风格。

再如通俗音乐，总是将音乐的叙述压低、再压低，对于高潮却利用重复、大跳等手法进行强化和渲染，并通过节奏的强化和特殊处理，使人们记忆深刻。

从某种意义上看，通俗歌曲的节奏变化，就是将人们心中固有规律打乱，形成节奏的强烈刺激，获得欣赏者的认可。

这一切都是因为形式上的不同而产生的。

艺术创新，要把握时代的脉搏，把时代的美用艺术的形式呈现给观众，要走心、走情、走思想，走进观众的心里，只有在创新中得到美的共鸣，艺术才有存在的价值。

艺术的发展和存在永远与创新和人们心的认同分不开的。

艺术语言永远是心灵的语言。

有创意，且与人们的心灵有着对话空间的艺术，才是有生命力的经典艺术。

所以，艺术是由于美和不同而存在。

2015年11月2日晚于青岛

88

音乐与审美

本人认为，情感没有美丑，只是别人能否接受。

喜、怒、哀、乐是情感表现的基本形式和内容。"喜"者多被接受，"怒"者多不被接受，"哀"者多理解性接受，"乐"者多肯定式接受。

艺术是情感表达的一种方式，对比生活中的情感的艺术化处理，在"悲苦"中寻求人生的价值，在"快乐"中诠释人生的真谛。

艺术的情感表达是走心的。

当艺术作品的情感，在演奏、演唱等表演者的演绎下，真正送达到欣赏者的心里时，艺术就会给人以遐想。欣赏者的感动使艺术作品的情更深、意更浓、心灵更美。

音乐中的情感是传递美的，不管是悲剧还是喜剧，主要看音乐中美的元素是否能够让人们接受，接受了音乐之美就会存在，不接受音乐之美就不会存在。

而美的存在是需要条件的，再美的事物，都需要"印象匹配"的比较条件，必须在客观条件的比较下，产生美的判断。

其实，音乐和其他艺术门类相通的重要之处在于它们都具有共同的基本特征，这就是形象特征、情感特征和审美特征，此外我同意加上娱乐特征。

　　这层逻辑标题可先从纵的方向去做较深入的单项探讨，然后再去探究它们之间的内在关联。

　　音乐的情感，是以艺术化呈现的方式展示在人们面前的，艺术本身就是传递美的载体。音乐是艺术的一种，所以，音乐审美是对所呈现的音乐之美的甄别。

　　综上，音乐是情感的艺术，是表达情感的美。

　　音乐审美能力就是对音乐情感美的不同类型的判断和解读能力，这里面包含了艺术文化健康与否的甄别。

　　读懂了艺术作品的"知情意"，才是真正的审美。

2016年5月16日听音乐感想

89

学生最有发言权

《教师教得好不好，不是你们学生能评判得了的》一文，从经济和教育的角度从多方面谈到了学生评判不了教师教学好坏的种种理由。

其实教育也是产品。教育和经济一样，也有知识的推销、自我的推销。

是产品就有评判必要，要推销就有是否接受的理由。

教师也应该和产品推销一样，把自己的想法和学生需要的知识推销出去。当教师明白把教育行为变成商品推销，把自己需要传授的知识换位变成商品，把自己的想法变成商品，学生就有权评判教师教学行为、教学能力。这时，教师敬业爱岗的品质喜好以及对知识的渴求程度，就变成了学生"市场"需求的风向标。

如此看来，学生是能够评判教师教学行为和水平的，学生也有权利和义务对教师的教学行为、能力、知识储备、教学任务完成等情况进行评判。

同理，艺术家是通过艺术作品表达对生活的体会和感悟。同时，作曲家和画家还有一项更重要的任务，就是完成艺术作品的精神传递作用。

自己有感悟，却不能把感悟到的传递给公众是不能成为艺术家的。

所以，对艺术作品的评判，就是对艺术家的评判。不管是名不见经传的初学者，还是享有盛名的艺术家，只要其艺术作品公之于世，就必须接受公众的评判。

教师教学能力的好坏，需要学生这个"客户"评判。

要想永远让学生这个客户认可和满意，教师必须不断地让自己所要传授的精神文化产品质量和性价比升级，让自身的知识升级，否则就会被贬值。

这种贬值是由学生这个消费群体决定的。

所以教师教得好不好，学生最有发言权。

2016年7月27日阅读有感

90

为了我们的学生

风清时我在走，风浊时我也在走，不想后果，不求、不奢望什么，只为一个目标——"普度众生"。

这应该是一个教育工作者的目标，也是责任。

作为一名教育工作者。

我希望能把我知道的告诉你，把我能够告诉你的都给你，无论是做人、做事、做学问。最重要的是教会你守住做人的本分和做事的良知。

同时，让我见过的、没见过的所有的你、我、他，在我这里多少有一点心喜即可。

这是一个教育工作者的心声。

我想，这应该是教育工作者的本分，更是教师这个职业的道德。

闲来瞻前顾后——何苦？心系众生又怕谁人评说？

园丁永远走在路上又何妨，相信自己，学生成功了，你就会实现你的人生理想，因为一切辛苦都是为了我们的学生。

教育就是用一颗佛心"普度众生"。

爱你的学生吧，让学生拥有自己辉煌的人生。

2016年10月18日

91

教育的根本

教育的根本是"育"，是育人。

在教授知识和技术的过程中，培育学生做人、做事、做学问的——诚信、执着、乐观、吃苦、包容、追求真理和梦想的精神。

懂得珍惜，

懂得感恩，

学会谦恭，

学会终生学习。

教育，是人与人之间的情感交流过程，需要的是心与心的沟通、爱与爱的相融，需要老师对学生的关爱、学生对老师的敬爱；有爱的教育才是真正的教育。

师者应不计得失，甘于奉献，将自己的所学、所思为学生的成长铺路搭桥。

"传道、授业、解惑"。

传的是，做人做事之道理；

授的是，做人做事之能力；

解的是，做人做事之困惑。

只传授书本知识，解的只是所学知识之惑；很难让学生在人生的道路上取得成功，更难为社会做出贡献。

只"育"不教是失败的家庭教育。

只"教"不育是失败的学校教育。

2016年11月9日在圣人之地与同仁们共勉

92

课堂教学

课堂教学，是学校教育工作实施的基本单位，也是学生在学校学习期间最直接接受教育的环境。

一名教师，教书育人的场所是教室、是三尺讲台。在学校里，课堂教学是学生接受教育的地方，教师在课堂上的教学质量关系到学生的进步和将来的发展。

因此，课堂教学质量的提升，是学校教育的关键。

课堂教学应注意切入点准确，教学主线清晰、教学环节联系性强、知识学习的过程和框架结构应有由浅入深的递进性，教学过程中的生成能有效地补充课堂内容的完整性。

这一切的实施目标是让学生学会弄懂，只重视教学结构，不重视学生能否学会的课，不是好课。

课堂教学，不要做表面文章、不要模式化，应处处注意学生的变化与发展。在课堂教学中教师应像一名医生一样，学会在课堂教学中运用好"望、闻、问、切"的诊脉看病方法，根据学生在课堂上的表现，以及对知识的掌握和能力的提升等情况进行"诊断"，学会捕捉课堂教学中任何可利用的机会，学会"对症下药"，提升课堂教学的效果和知识传授的深度，既而达到学生学习、分析、运用、创新能力的加强。

教师必须学会捕捉课堂教学中任何可利用的机会。

如：在合唱中有的学生唱歌声音很大而且走调。这时我们教师首先应鼓励学生有敢于表现的勇气，再提出集体演唱要学会倾听其他同学的声音，找准自己的位置。并借机让所有学生理解合唱中倾听、合作能力养成的作用和意义。

情到深处方自然。

课堂教学中实实在在才是真。教师要有对学生、对学科、对教师这个职业的热爱，只有爱了才能深入的探索知识、研究教学，了解学生的心里和需求，这样教学质量才有可能提升。

教学中不要把简单的问题复杂化，学生对于教学活动的参与，不是形式上的表现，而是学生的身心是否完全进入到课堂教学之中。要学会让学生说出老师想说的话。

心动才是真正的动。一堂好课不是热闹就好，而是学生的心是否随教师的讲解动起来了没有。学生的心动起来了，就会有求知的欲望，探究的冲动，就会有学会、弄懂的机会。

一堂课，能够使学习者、听者，从知识、人生等多方面得到启迪，并具有欣赏的价值，做到"情感、态度、价值观"的三者统一，才是好课。

学校，是教师和学生共同生活学习的场所。有了学生，才有教师这个职业；有了教师，才会有教育的场所；教师和学生的共同存在，才有学校。

课堂教学也一样，教学目标的达成，需要教师和学生的共同努力，只重视教，不重视学，永远完成不了教学目标。

所以，教学目标的实现是靠教师、学生在课堂上的共同努力和不断修正的过程中达到的。

2016年11月9日于济宁参加全省优质课评选有感

93

艺术的核心是"情"

艺术欣赏过程是情感感受的过程，重点在于"情"的阅读和感受，这种感受是心灵的触动。

艺术表达的核心是"情"，艺术作品传递也是"情"。没有情感的艺术是不存在的。

如：歌曲《长江之歌》是对祖国山河的颂扬之情。歌曲《我爱你中国》传递的是海外游子的爱国之情。

小提琴协奏曲《梁山伯与祝英台》描绘的是同窗共读，坚贞不渝而又凄美的爱情。

歌曲《义勇军进行曲》《中国人民志愿军军歌》歌颂的是人民军队保家卫国的情怀和斗志。

歌曲《长大后我就成了你》表现出了对老师的爱戴，和对教师这个职业的崇敬之情。

所有的音乐作品，都是从感情入手，都重视情感的表达与传递，让你随情而动，让你从艺术作品的表达中体会艺术之美。

音乐作品如此，绘画、戏剧、舞蹈、朗诵等艺术作品的表演也是如此。

做好表达，把艺术作品的情感内涵送达到观（听）众的心里，让观（听）众感动，使之升华，才是艺术表演的目的。

"情"是艺术作品的灵魂，是艺术作品的心灵性格。

艺术学科教学，必须从对艺术作品"情"的分析入手，解读明白艺术创作手法，在艺术作品表达过程中的作用。

让学生在艺术的情感中，学会欣赏美、发现美、表现美、创造美，提高审美能力，继而净化心灵。

读懂那份情，理解那份情。从艺术的情感世界里，体味和发现人生、社会美之所在。

艺术作品的心灵性格：读懂者近之，不懂者远之。

艺术是心灵语言，只有用心去读，才能读懂。

2015年9月15日于青岛参加省艺术展演有感

94

教育以修为主

在教育界，经常听到这样一句话"好学生不是教出来的"。言外之意，一所学校出了好学生不是老师的功劳。

其实不然，在学生的成长过程中教师的影响是至关重要的，教师的一言一行都影响着学生的成长。

这里的关键是教师的教育教学是以怎样的方式呈现的？是主观地讲授不管学生愿不愿意听？还是认真观察学生并根据学生思想、行为、情感、兴趣等不同情况进行有计划的修整和梳理，这是我们能否教育好学生的关键所在。

要想让树木成材除了浇水施肥外，在他成长的过程中"修"是至关重要的，不修难成才。

对于一个学生的成长，家长和教师是浇水施肥者、修正者。教师在教学过程中，只是一味地传授知识，不去关注学生良好习惯的养成和美好人格的形成，是不完整的学校教育。

学生成才，必须在学校教育中得到"修正"。

教师应为学生的成才，在"修"的方面下的功夫再大一些。

"修正"是遵循学生发展规律的教育，是"因材施教"的教育，是让学生在理解和遵循自然和生活规律、道德准则的条件下的个性成长。

教育不是简单的知识传授，教育以修为主。

2007年5月

95

唱歌——抒情是第一位的

在中小学唱歌教学中我们经常会看到老师们过于重视教学的过程、重教学环节的连续和发展，不管学生唱的好听与否，不管学生唱没唱出歌曲的风格和情感，为了下一个环节，只要基本学会就进行教学的下一个环节，忽视了学习中的情感的表达。

还有的老师只重视声音，不重视感情的表达，不重视学生演唱中对歌曲风格、情感的把握和呈现，这样就会出现"我们喜欢音乐，但不喜欢音乐课"这种学生心理的反映。

"以情带声，声情并茂。"

这是歌唱的第一要领，不可在脱离了歌曲作品的情况下，谈发声、谈气息等演唱方法。

演唱方法，是为了在演唱中更好地表达歌曲情感。

在歌曲的演唱中，声音和气息的运用，是为了更好地表现歌曲的内涵、意境和风格；不同的歌曲作品，其声音和气息的运用是不同的。

如：感叹的、高亢的、欢快的、抒情的等歌曲作品，其运动轨迹是不同的，声音的发声点是不同的，这些都需要在教学、演唱中根据具体的歌曲作品区别对待。

所以，义务教育阶段的学生声音和气息的训练，必须结合歌曲作品进行训练，重点是唱出情感唱出风格，不是简单的专业化发声训练。

　　歌曲演唱从"情"入手，不管是什么阶段的教学，"抒情"是第一位的。

2007年4月观音乐课有感

96

小学音乐课《时间像小马车》点评

我虽然经常听课，但也经常疏于整理，今天，借着老师们的帮助，把听课的感想和建议整理一下，奉献给大家。

一、由简入繁

《时间像小马车》一课，游戏活动的认知规律安排感觉是对的。由简入繁方式是对的。一开始的节奏也好、音阶也好都很恰当。

开始不复杂很好。对孩子来讲，学习新的课程一开始复杂了学生就没有信心、没有兴趣。

要让学生感兴趣，实际上，最简单的就是由简入繁。先从学生能接受的知识入手并进行教学，这个时候内容简单，学生敢于自我表现，后面再复杂一点，变化一点，兴趣就来了。这就符合这个年龄孩子的认知规律特点。

二、关注完整性

虽然学生都会，但完整性不一定行。如果唱了一遍后，再反复地唱两遍，让学生顺一下接唱歌曲的教学形式是非常好的，在低年级也非常有效；台湾小学低年级的音乐课，倡导教师唱一句、学生接唱下一句的接唱教学，然后，师生互换唱句继续进行接唱游戏，接来接去学生就唱完整了，非常好。教学中一步一步的步骤是对的，这几部分的认知挺好。如果反过来再做比较，孩子对歌曲作品的印象会更强。

三、有关印象匹配

《时间像小马车》一课，设计的教学方式方法都很好。火车爬坡也好、强弱也好，老师们一定要注意印象匹配。什么是印象匹配？就是生活中的印象和学习中的知识表象相匹配。就像刚才的上坡，学生不一定想到。他可以想象车的速度一点点加快，油门逐渐加大，音乐也由弱到强。而后边的尾声，渐行渐远了，火车也下坡了。可以用力度和速度表现，都可以表现强弱，这就是印象匹配。

音乐中的强弱不是生活中的强弱，不是简单的快慢，老师要给一个明确的概念。有的时候，强弱既可以表现力度，也可以表现速度。

语言的组织要适合孩子的认知和理解，教师要知道怎么沟通孩子才会明白，这节音乐课实际是让孩子发现身边的音乐在哪儿。

四、找准关键点

打击乐不要轻易用，要用就要用好。

用打击乐一开始就要有概念，节奏要明显，要由简入繁的介入。打击乐及所有伴奏乐器的编配和演奏，要注意表现作品的关键点，说白了就是作品的高潮部分。伴奏不是把整首歌都伴奏完了就行，真正的伴奏是情感的补充和升华。伴奏乐器的运用，要想好怎样补充、怎么提升歌曲的情感表达。如果从一年级开始很严格地要求情感表现的话，学生就很容易抓住歌曲的情感，以后很容易找到歌曲的风格。

这么多年来我一直在想，为什么孩子学完了总是掌握不到音乐的关键，体会不到音乐的美到底在哪里。重点是我们在音乐教学中不能很好地解读音乐作品的情感、形象和风格。

一个音乐作品不是千篇一律全部都美，音乐作品怎么美、美在哪儿？往往是一个人心里的感受，当某一点被你感觉到、捕捉到，你就会感动。这些关键点可能是某一个乐句、某一段、某一种声音……这节课实际的关键点就是这几个节奏，抓住这个关键点，学生就会体会到。换一首歌曲，可能是另外一种情绪点、另一个高潮点或音色的变化。

这些关键点，在课堂上一次一次用不同方式提示和展示，让学生掌握到情感渲染方式，学生就可以把音乐作品风格全部掌握到。

五、提升与拓展

这节课只是认知只是体验了，没有更深一层的。按照"实践——认识——再实践——再认识"的方法让学生在学习歌曲的基础上有所认识、有所提升。这个过程，作为二年级孩子应该有。换一个曲子，让学生伴奏，奏出相似的节奏。可以找一、二年级的音乐作品，在编排时要有想法，让孩子体会以前没有学到的作品，短小精悍的拿出来，类似的作品拿出来再去做，做得完整了就有升华了。一点一滴，这样就有提升。也就是"拓展提高"。这样唱歌综合课也就综合出来了。

实际上，唱歌综合课就是在唱歌完成后掌握和提升。

六、理解作品

本节课，作品的风格特点强调不足，我们目前只局限于对作品的添加，但是没有想到对作品的升华与渲染。实际上，对作品的升华与渲染恰恰是音乐课培养孩子想象力、创造力的关键点。每一次都说音乐课要有创新意识，为什么我们教完了以后都没有，为什么没有？没有的原因在哪里？就在这里。

再是没让学生学会理解音乐作品。

咱们老师经常说：于老师一看就看在点上。说明一个问题，就是在于怎么理解作品、怎么欣赏音乐、怎么看问题、怎么理解学生与音乐的关系。刚才讲到的生活与音乐里的一些东西，怎么匹配。

要抓住作品，不论是音乐作品还是文学作品，必须知道关键点在哪里。抓住关键点后，再与身边的发现结合起来，这样最容易让学生记住这是一个很关键的问题。

这种匹配还要注意的问题是——必须和学生的年龄匹配。今天的课一开始简单的"跺跺脚"就挺好。音乐课只有这样上学生才有兴趣。一点点地保持学生的兴趣，发展学生的兴趣。

七、寻找起点

我们要寻找学生学习的原始起点，培养发展起点。如果学校从一年级到五年级都能按部就班地按照要求去做，就会有学生认知的发展起点。

一节课听完后，我们就能了解到整个学校的音乐状况。要持续地做，而不是零散地。零散地，孩子有发展，但是发展的只是一部分。这不单单是音乐学科的事，也是所有学科的事情。

八、激发兴趣

兴趣不是培养的，是发现、引导、激发出来的。学生听到音乐后有兴趣才会去听。在课堂上，你想让学生对音乐作品感兴趣，不仅是音乐作品、美术作品等等其他作品感兴趣的话，设定的问题首先要适合他的认知水平。

人的心理都是这样，知道的有自信、有兴趣，敢于表达；不知道的不敢表达，也没兴趣。每一次都关注这一点，学生都会感兴趣，一步步走下去就对了。引导，激发兴趣是主要的。

怎么激发？先从最简单的、能了解到的开始，一步一步地走，激发出兴趣点。

九、解决重难点

一节课，找不到关键问题，课堂效率就不会好。我听过很多课，老师就怕学生不明白，把重点、难点提前拿出来让学生学，到了歌曲的整体演唱时，学生还是不会。音乐学习，特别是唱歌教学，歌曲中的节奏、音准等重难点，在完整演唱的过程中就能够解决，断章取义地拿出来学习就难解决，这种做法恰恰到最后让学生更不明白，因为音乐是情感的流动，用情或在情中领悟会随情演化完成。其实音乐课，抓情感点很关键，走进学生的心里，根据学生的心理发展去抓住兴趣点和情感点，就会解决好音乐课上的重难点。

十、学会观察

传授知识不在于我们怎么去讲，而在于怎么引导学生去观察、去思考。学生学会观察是很关键的问题。就像这个作品，游戏的出现就是要学生体验、观察。

课一开始就是在观察，后面出来作品，变了，怎么变了？节奏不一样了，这是第一步的观察。第二步的观察，整个曲子出来了，这里还有几个变化的节奏，这几下就是一个渐进的观察过程。所以这节课前半截让学生很容易接受、容易去做。

十一、学会认知

其实上课很简单，主要是我们都不明白怎么让学生去认知。明白了就很好办。从个人执教高中音乐课，感受到最重要的是认知、思维。放音乐让学生听，听到什么、感觉到什么就说什么。而不是开始就去讲和弦、讲作品结构等内容。如果讲和弦，学生就没什么说的、也没有思考了。老师上课的第一个问题很关键，第一个问题带动、第二个问题是启发，层层递进。

十二、读懂生活

无论什么学科，真正想上好这堂课。必须去读懂一个关键的东西就是"生活"。

刚才老师在谈这节课的时候，我总是在找生活中的影子。为什么要读懂这些？读懂了这些，才有可能解读人的心理。

人生活在社会里，生活当中一点一滴与音乐有关的在哪里？从这个生活的点滴中能找到音乐的东西有哪些？例如：刚才"速度"与"爬坡"。有的时候"唔、唔、唔——"不是速度，而是用力、用力、再用力，到了一定程度以后松懈了，到了坡顶了就像车"唔——"一放松要下坡的感觉，就是怎么去找生活中匹配的东西，而不是越来越慢，是节奏的舒缓问题。

十三、语言亲和力

老师的语言要有亲和力。小学教育中教师的语言不能成人化，要贴近学生。表扬要有度、不足要及时提出，学生才会有提高。

吵架时声音越喊越大，是心与心离得越来越远。远了就得吼，喊是为了把不满传到你的心里去，冲击你的心。谈恋爱时声音很小也可能听见，那是情的作用。所以说上课时，怎么让学生喜欢你、喜欢你的课，语言的作用很微妙。语言的布局和表达都要和孩子相通，学生听了能接受。并不是那种"孩子们……"的语气，不一定这种语气学生们就能接受。

十四、"背课"与"备课"

备课是把预先能发现的问题组合起来，课堂中遇到什么问题，就用怎样的方法解决。把众多的方式、方法预设、组合起来。随堂出现问题就会很好地解决。

备课不是"背诵"。备课应该有下围棋、象棋的那种思路，第一步走完，下一步要走到哪里心中要有数、要有预先思维。

十五、自我修养

怎样做好预先思维呢？就是自我修养。自我修养丰富了上课就更自如。遇到问题，不太明白，就回去查。做好功课，就可以随心所欲地上课。

教师要学会积累，平常的积累很重要。

音乐要多听，但是盲目地听不行，听完以后还要看看其他的相关资料，了解其所以然。

我发现，只是机械地、规规整整地听，一直听二十年也和书呆子一样，光会读书不会写作。要养成一种习惯，音乐一出来就得想怎么去感受。还是一个方法。其实教学，就是教给学生一种学习的方法，不仅是教知识。学会知识简单、学会学习和思考的方法难。

2014年3月24日于万华小学

97

与祁老师商榷

　　闲来，阅读博客文章和留言，看到一位老师的文章有感，我做了回复，今与大家共勉。

　　祁老师好！

　　拜读《谁让学生们如此猖狂》一文感触颇深。

　　天时、地利、人和，是良好人生存在的条件。

　　天时是政策；地利是环境；人和是自己处理问题的态度和工作态度。

　　教师不被尊敬，更多的是自身的问题。如他理解什么是教育工作吗？教师到底应该怎样工作吗？他把学生当上帝去观察他们的言行、习惯、心理、思维等方面的特点和微弱变化了吗？作为人类灵魂的工程师，他深入到学生的灵魂深处去了解学生的思想了吗？如果他了解了，那么他采取了有效的行动了吗？

　　埋怨制度、埋怨社会、埋怨学生都是不可取的、也是错误的，更不能可怜他，因为一个人如果被可怜，他的人生轨迹就会越来越黯淡，发展的空间就会越来越小。

　　就像我们的爱心捐助一样，应捐助他们发展，要学会用好金钱，学会使用和利用金钱的价值，而不是毁掉金钱的价值。也就是说，在当今社会的教师队伍中，我们应该从教师的心理和教育理念上，给以正确的引导，提醒他们应该怎么做。

我们的社会、家长、校长都应给老师们一些时间、一个空间、一把钥匙、一个梯子。

一些时间，让他有思考的时间、有学习的机会和时间；

一个空间，让他有一个思维探索的空间和实践的环境；

一把钥匙，让他能开启正确思维的大门；

一个梯子，能提升自己的机会和平台。

所以，我在这里借这篇文章，呼吁我们的教育应更多地重视教师的心理、教师的职业道德、教学艺术上培训的投入（在金钱、时间、机会、政策等方面开绿灯），这样我们就不用可怜他们了，不用埋怨社会、不用替他们的生计担心了。

我这里不是反驳你，是替我们的老师悲哀，读了那么多年的书，学了那么多的知识还被学生嘲笑，还体罚学生，真是悲哀。

被嘲笑，是没有作为的表现，体罚学生以恶制恶，是无能、是没有教育方法的表现。

人类灵魂的工程师塑造不了学生的灵魂，反被学生愚弄，这不是可怜是悲哀。

到这里吧，感谢。（请读一下《一位最好的老师》这篇文章）

2007年5月阅读有感

98

高等师范教育应倡导多能一专

前段时间我参加了某高校音乐教育专业硕士研究生的毕业论文答辩会，结合中小学教育的实际情况以及中小学音乐教师的现状思考，感触颇深。

高校的教育，特别是师范教育，对于学科的设置、学科间的关系处理得不够好。

以音乐专业为例，在师范教育中，专业院校音乐专业的学习不同于非师范教育的音乐专业的学习，对于人才的培养目标也是不同的，这与学生将来所面对的工作环境和性质有关。

师范教育侧重于人才的综合性素质，强调"多能一专"，"多能"在先，"一专"在后。而非师范教育强调的是"专业技能"——"一专"，反而对学生"多能"的培养想得较少。

在中小学校，一所好的、大的城区学校，音乐教师的数量是1～5人，一般小规模的学校是1～2人，音乐教师在学校里所面对的是戏曲、声乐、舞蹈、器乐等各项艺术活动，没有综合的文化素养，"多能"的艺术潜质、独当一面的工作能力，是无法胜任学校音乐教育工作的。

中小学的教育方向是素质教育，以艺术教育为例，中小学艺术教育目标是培养学生的审美能力。

　　李岚清说"中小学艺术教育不是技术教育，是审美教育"。从音乐、美术教材中可以看出，一本音乐教材涵盖了声乐、器乐、舞蹈、戏曲、影视等几大方面的内容。

　　以声乐为例，我们再深一点看，声乐又包括了独唱、合唱、重唱、歌剧等形式的内容；演唱的歌曲又包括了民族歌曲、艺术歌曲和通俗歌曲；从声乐唱法本身，又可分为民族唱法（国家唱法，一个国家的主流唱法。如：中国唱法、美声唱法（国际唱法）、流行唱法（大众唱法）、原生态唱法（地方唱法，国内不同民族、不同地域的唱法）。这一些唱法在大学的专业学习中是专攻的，特别是前两种——民族唱法和美声唱法，都是专学、专教的，不可能教美声唱法的老师去教学习民族唱法的学生，这是声乐方面的问题。中小学音乐教师在需要会一种唱法的同时，其他的唱法也都要了解。

　　如果从器乐方面来讲就更复杂了，大到民族乐器（民族管弦乐）和西洋乐器（西洋管弦乐），小到各种民族、西洋的乐器，这样繁多的种类在大学的学习都是有专攻的，而在中小学音乐教师看来，要面对的是整个音乐学科领域的所有内容。

　　不能要求老师什么都会，但必须对其有所了解，能说明白就已经不容易了。

　　中小学艺术教育不是专业教育，是普及教育。

　　中小学艺术教育与高校艺术专业学习的共同点是对艺术的学习，不同点是艺术学习的目标，高校艺术教育面对的是专业人才的培养，是以专业水平的提高和艺术研究、表达、创作能力的发展完善为目的的，重视的是专业化能力的提升，是专业技能性教育。

　　中小学艺术教育，面对的是非专业学生的教育，是学生通过艺术课程的学习了解艺术的文化特质，接触和基本掌握一定的艺术学科基础知识和基本技能，中小学艺术课程作为义务教育阶段学生的必修课程，是通过艺术学习提升学生的审美能力，陶冶情操，促进学生的健康成长。是通识性教育。

高等专业艺术院校的教育与师范院校音乐专业教育也是不同的。高等专业艺术院校的教育，是培养演奏家、歌唱家、作曲家，毕业后要将艺术之美传递给观众，艺术表演能力和艺术创作能力的培养是教育的主目标。

师范院校音乐专业教育，是培养合格的音乐教师，教会学生毕业后，能够把演唱、演奏、音乐作品的风格特点讲给学生听。表演不是第一位的，讲明白才是第一位的。

如：高等专业艺术院校作曲专业学生的作曲理论课教学目标是：做好音乐作品；师范院校音乐专业学生的作曲理论课教学目标是：学会分析好音乐作品。

所以，高校师范音乐教育，必须教会学生教学的本领，不管是钢琴课、还是声乐课、器乐课、舞蹈课，所有任课教师都应在教学过程中，教会学生将来如何教学生。

教会学生将来如何教学生，不是一个音乐教学法教师所能完成的，更不是有了一个教学法老师，就是音乐教育专业。

高校师范音乐教育，如果不了解这一点，办学将会步入歧途。

2014年9月参加师范院校教育活动有感

99

学会找准教学的切入点

——由全国小学音乐现场课《大河之舞》想到的

前几天在《中国音乐教育》杂志第8期，看到了音乐教育专家曹理老师的评论文章——《创新　勤思　业精》，对参加全国中小学音乐现场教学评比的小学音乐课《大河之舞》进行了非常深刻的评价，我从心底里感到受益匪浅，非常感谢曹老师对《大河之舞》这一课的肯定和提出的宝贵意见，这让我又学到了很多书本上学不到的知识和思想。作为这节课的指导教师想借此谈谈这节课的设计体会，与大家一起探讨。

《大河之舞》这节课，取自于山东教育出版社《义务教育音乐教材（五四学制）》小学段五年级课程。

《大河之舞》的成功，如曹理老师所说的"《大河之舞》这节课的教学抓住了节奏，就等于抓住了教学成功的命门，起到了纲举目张的作用。"《大河之舞》是根据五年级学生的认知特点和规律，结合教学内容找到本节课教学的切入点，并在课堂教学中贯穿了这个切入点、发展了这个切入点、完成了这个切入点。

课堂教学的切入点，就好像我们到某一个城市的某一个地方一样，可选择到达目标的路途很多，只不过由于路况的优劣情况不一，我们可选的路有的坎坷、有的平坦、有的曲、有的直、有的宽、有的窄，还有的路不能直达需要换道，有的红绿灯多、有的红绿灯少，有的需要穿过市中心的塞车路段等等；如果乘车还有车的承载能力、车的质量问题，是否需要不断地换乘车辆等等。

我们的目的是快速到达，车辆的选择是重要的，而道路的选择更重要，路面平坦、弯少、宽敞、不塞车、直达的路一定是我们的首选。

课堂教学也是一样，每一节音乐课都有各自的目标，达成目标的路径也很多，《大河之舞》避开了没有舞蹈基础的学生在短短的40分钟内学习踢踏舞的难处，采取以节奏为主线授课，让学生在学习节奏的同时，潜移默化中感悟和体味踢踏舞音乐的特点及风格，从而达到欣赏的目的。

在设计这节课时，我们首先树立了“踢踏舞是舞者在奏乐的观点。”

根据小学五年级学生的年龄特点和认知特点，避开踢踏舞的舞蹈学习这一难度较大的知识点，根据学生学习的兴趣点，和踢踏舞所特有的节奏特点，本着由浅入深的原则，把节奏作为本节课学习的切入点，以节奏为主线贯穿在本节课的始终，围绕学生对踢踏舞节奏的感受和体验、模仿参与、团结协作和创造拓展进行教学设计。

在整个教学过程中，力求做到整堂课的教学目标明确、统一，不只是让学生感受节奏，表现节奏，创造节奏，组合节奏，而且是通过节奏的学习聆听音乐、学习音乐、了解音乐，达到音乐审美的目的。

其次，在课堂教学环节设计上，牢牢记住一堂课应在“教师和学生共同、不断的修正中，达到教学目标这一教育观点。”

根据教师的自身特点，五年级学生的认知能力和特点，以及《大河之舞》曲目特点，合理、清晰的设计教学中的各个环节；教学中以小提琴演奏、伴奏和学生敲击节奏的方法，让学生真切地感受和体验了节奏在音乐中的重要作用。运用小提琴这一教学工具，用音乐带动学生进行踢踏舞节奏的练习和演奏，让学生从节奏中体味《大河之舞》的音乐风格和形象，减少了无味的说教。

另外，教师善于等待学生，等着学生发现问题，然后带领学生一起去解决问题。新的课程教学理念已经转化成教师的教学行为，在这种教学行为中，我们可以看到孩子在这个过程中体验着、创造着快乐，这种快乐在孩子们走到台下的时候还在延续着。

第三，在音乐课堂教学中不断践行"教师语言像金子一样贵重，音乐教师在课堂上要多用音乐语言说话的观点。"教师整节课都及时关注到学生的表现和感受，教学设计符合音乐的特点，适合学生的年龄特点，学生始终在浓厚的音乐氛围中有序地进行着音乐的活动、音乐的创造，是音乐在引领着老师和学生。

教师以自己高超的小提琴演奏和与学生近距离的情感交流，营造了良好的学习氛围，有力地激发了学生的学习兴趣，使学生的参与性和能动性得到极大的增强，用手替代脚，由不会到会，很快而准确地敲打出《大河之舞》的强烈节奏，深深地感受到音乐艺术的强大魅力。

这节课，小提琴作为课堂教学乐器的选用，既尊重了由弦乐演奏的原曲，又利用了它操作灵活的特点，在师生之间架起了一道音乐沟通的桥梁，教学目标一步步实现，取得了近乎完美的效果。

第四，从知识中寻找学生学习的兴奋点、切入点，并作为本堂课的授课主线贯穿始终。知识点一般是音乐课教学的最好的切入点，而课堂教学的切入点，往往也是学生学习的兴奋点。因此，在寻找学生的兴奋点的同时，我们力求从知识中寻找学生学习的兴奋点和知识的切入点。

用节奏作为本课的切入点并力求贯穿始终，用不同的节奏特点，四种不同节奏的一层一层展现，不同的音乐场景，引导和激发学生的学习兴趣，使学生在认知时，就像大海的浪涛一样，一浪接着一浪，每一个教学环节都是一个小小的浪潮，力求做到兴趣与知识同行。

最后，中国藏族踢踏舞《扎西德勒》的呈现，既拓展了本课知识，又开阔了学生视野，还巧妙地增强了民族自豪感和对踢踏舞的学习兴趣，为学生的自我发展、弘扬民族文化起到了很好的引导作用。

通过对本课的研究，体会到音乐课的切入点必须是音乐的基本知识和基本理论，以及与音乐密切相关的社会、生活等相关文化，脱离了音乐不是音乐课。

以吾拙见，教学目标明确，教学切入点准确，并能贯穿于课堂教学的始终；教师对学生有亲和力，问题和教学环节的设定贴近学生的认知特点，教学目标是教师与学生共同完成的，这样才算一节好课。

拙见至此，请各位专家、各位同仁指正。

2009年10月于烟台

100

"讲授"一词新解

讲：是言与井的组合。

教师在课堂上应把问题讲深讲透，不可做表面文章。

在讲深、讲透的基础上，把所学知识提升、拓展开来，也就是将"井水"打上来了就要运用好，如果只介绍讲解"井底之水"，不让学生去品尝、利用，讲的再深，也只是井里之水那么多。

应想办法把"井"里之水搬出来，掷入大海使之融入。

正所谓"以井中之水，言喻海水之辽阔丰盈"。

授：是手与受的结合。"手"是提起手来相送，"受"是给予和接纳，是给予中的享受和接受中的受用。

所以，授之以法，应建立在双方都享受的心境之上。

教师的讲授，不应是简单意义上的讲授，更不能是只"讲"不"授"。

讲授就是让你——教师的语言像水一样，在倒进学生的心海时，落"水"有声，像水分子一样融入学生的心里，让学生得到享受并认可。

学生认可了，你也会得到满足和享受。

不要把你的讲授像石头掷入学生的心里，那样只会疼痛，而无融入之势。

也就是说教师讲授的知识和道理，必须让学生从心里接受和理解才行。

言之有理，方可被学生接受；

授之有法，方可启迪学生的思维和行动。

2009年5月4日听课有感

101

音体美学科在教育中的育人作用

情因有感而发，智因积累而现。

也就是说人的情绪变化，是因为心里有了感触而发的；人的智慧是因为知识、生活经验的不断积累而显现出来的。

我们的教育方针，是使学生在德育、智育、体育、美育诸方面都得到发展。

从学校教育中我们可以看出学科的设置可以看出是由智与情两种组成。语文、数学、英语都重在对学生知识的传授，而音乐、美术、体育虽然也重视知识的积累，但中小学音体美教育不是技术教育，而是给学生以人性化心灵感悟的教育，重视的是情的体验和情的表达。

音乐是听觉艺术，是因声音的和谐、动听，给人以美的享受，它体现艺术之美的关键——和谐。

美术是视觉艺术，由于其色彩、线条、造型等美术语言的协调运用，给人以视觉上的和谐。

正是由于音乐、美术给人的永远是美的享受，在学科的定位上成了"传播美的化身"，这是大家普遍认同的，得到社会共识的一种界定。正是由于这种界定，淡化了音乐、美术学科的许多非常重要的功能特点，如：德育功能、实践功能、激发人的潜能的功能等。而仅仅局限在"美"上，使音乐、美术学科在教育中的地位，从孔老夫子的"礼、乐、射、御、书、数"中的第二位，降到了最后一位。

音乐在教育中的作用，不仅仅局限在学生的审美能力的培养上，它包含了人与人之间的合作能力，思维上的想象能力和创造能力，乐观看待生活和学习的心态养成等方面的功能。

我们可以分析一下音乐本身，音乐的旋律是由很多不同的音符组成的，音符与音符之间都有各自不同的位置，如：主音、主干音、偏音，只有它们各司其职、相互配合才能创造出悦耳动听的旋律，这就是音乐中蕴含着的极大的教育潜能——合作能力，这是音乐内部的体现。如果从音乐的外部形成看，合唱、器乐合奏等音乐形式，更容易让人看到、听到和感受到音乐中合作的重要性。

音乐中的合作需要学会倾听别人的声音，寻找适合自己的声音位置，与其他的歌者或乐者合二为一、合三为一，达到声音的美妙与和谐，这是音乐中合作能力的具体体现。

由于音乐是听觉艺术，根据人们生活环境、文化环境等各种因素和条件的不同，歌者、乐者、听者对音乐美妙和谐的形象地把握，只能用想象的能力，找寻音乐作品在自己心里的感受；歌者和乐者只能通过亲身的体验——实践，在想象中寻找自己的位置，将自己的声音调到合适的声音效果上，使之产生和谐的旋律，这是音乐让人产生想象能力的主要方面。是必须在实践中才能体会到的。

另外，音乐在培养人的方面是作用于人的心灵的，它主要培养的是人的合作能力、想象能力和审美能力。正是由于音乐作用于人的这些能力，把音乐推向了教化、激发人的心灵的作用。

孔子说"移风易俗，莫善于乐。"是这个道理。

我们党的革命进程中音乐的教化、激励的功能也是不可或缺的。

在这一时期，涌现出了许多脍炙人口、催人奋进的音乐作品。如：《松花江上》以叙述的手法，讲述了东北沦陷的凄惨景象，激起了全国人民对日本侵略者的愤恨。《义勇军进行曲》《大刀向鬼子们的头上砍去》《到敌人后方去》则以具有强烈号召力的创作手法，召唤着人民团结起来，把日本鬼子从中国赶出去。这些充分证明了音乐所特有的教化功能和德育功能。

美术教育是培养学生的观察能力、创造能力和审美能力，是让学生通过对事物的观察和理解，运用点、线、面、色彩、造型等美术语言，创造美丽的图画。

学生在美术课上的学习，是一种实践与创造的过程，在这个过程中，让学生潜移默化地体味和感悟看待事物的方法，学会用心勾画出事物的真实性，再让学生发挥想象，用创造性的观点勾画出自己心中的图画，进而发展到用美术的语言、美的眼光，画出美丽的图画，提升学生的审美能力。这是美术专业知识自身内容对学生的影响。

另一方面，美术课的讲授往往会与相关文化背景紧密地联系在一起。如历史背景、地理环境、社会环境。还有心理学方面的知识，如画家的心理特点、性格特点等，就像人民教育出版社出版的初中课本中《我为校园添色彩》一课，它涵盖了心理学、生理学、物理学、环境学等方面的内容，一节课下来，学生在美术知识的学习、美术作品的鉴赏、美术创作的过程中，自觉不自觉地学习了很多与美术相关的其他知识，这是其他学科的教学中难以做到的。

这些知识的讲解如果脱离了生活是不会讲透彻的。所以，对一切事物的认识、讲解，应回归到本真、回归到生活中去；这是音乐、美术学科在学校教育中的真正价值，即用美术的语言去观察、创造和揭示生活的美。

体育是让学生去感悟一种精神，让学生学会坚持。

学会在坚持中发现和挖掘自身的潜能；学会融入团队中，发挥自身的作用服务于团队的团队精神；弄懂健康的含义，养成终身锻炼的习惯。

从2008年北京奥运会上我们就可以看到：运动员为达到目标在平日训练中，面对枯燥乏味的运动动作，日复一日、年复一年地练习，这是一种坚持的精神。在举重比赛中，奥运冠军刘春红在超出对手很多的成绩夺得金牌后，又五次创造世界纪录，这是一种超越自我的精神，更是对自身潜能的挖掘。中国男篮的小伙子们在比赛中，那种各尽其能、各司其职、团结一心、勇于拼搏的团队精神，都是在坚持中挖掘潜能，在潜能的发挥中找准自己的位置，彰显出团队精神。

再看人类发展进程，声音、动作、图画，是历史最初、最基本的生活和情感的表述语言，是人类混沌初开的语言，是人最简单的语言雏形。

音乐语言的产生，最早的雏形是声音，是人类最早表情达意的初步方法派生出来的；美术语言的产生是从最早的记事达意的简单记号中派生出来的；体育则是从人类最早的肢体语言、狩猎等劳作活动中演化而来的。

我国的象形文字与美术是同一个"祖先"，文字是从人类简单的原始的图形中演化出来的，而这些原始的图形与今天的儿童简笔画有着惊人的相似，我们再撇开远古文字的产生不说，想想我们现实生活中的现象就会更加明了了。

婴儿出生以后，第一个表现出来的是哭的声音，第二个表现是动作，接下来可能会是乱涂乱画，这些表现不是简单的，"哭"是婴儿情感的表达，是要求大人做什么的一种交流的语言，肢体动作也是如此，而"乱涂乱画"则可看作是认知和书怀的雏形。

由此可见，音乐、体育、美术是人类生活中最原始、最早的语言文化。而语文、数学是晚于声与图的文化语言，是由声音语言和图案文化演化出来的，如果我们将语文、数学与音乐、美术的产生作一下比较，可以看出：语文可定位在"后生文化"范畴，数学应是"后后生文化"。

音乐、美术、体育基本上与生活中的原始语言同时产生，故应定位在"原生文化"范畴之中。

这里我个人再提出一个新的界定方法：语文和数学是从已知的、得到实践验证的理论中形成的文化，学生在学习中很少用到实践体验，有的甚至不用实践体验就可以操作，如有了一种数学的运算公式，相应的题都可以根据公式解开，语文中只要认识了字就能读和写。

注重基础知识的掌握和应用，是语文和数学学科的教学目标，在学习目标的达成上，它是先掌握后应用。语文和数学是每个人在社会生活中都要应用的，所以我们还可以把它们归为"工具学科"。

音乐、体育、美术虽然在人类社会不断的发展过程中，都有了各自的理论，但这三个学科培养人的重点是素养，我们可以把它们归为"素养学科"。

另外，音乐、美术、体育是在感悟中学习的，学会实践才能更好地理解文化，所以，音乐、体育、美术则是培养学生实践能力的学科。

既然人类最早的语言是声音、图案和动作，而音乐、体育、美术又是这三种人类最原始的语言的再现，我们的学校教育为什么要把学生最能读懂的语言弱化、删减呢？

这里所说的一切，不是要把音乐、体育、美术学科抬高到多么高的位置，而是希望义务教育阶段和高中阶段的教育，应回归到本真，回归到生活，给孩子全面的教育营养。将国家规定的课程开足开好，就是实现"一个健全的人"的培养目标。

2009年10月

102

让孩子健康成长

家庭教育是孩子世界观形成、行为习惯养成最有力的环境，这个环境是学校和任何教育场所无法比拟的。

当下，经常会听到"不要让孩子输在起跑线上。"

很多的家长也就因为这个"起跑线"，让孩子上英语班、写作班、钢琴班、奥数班等，表面上看来是让孩子先起跑了，实际上孩子的成长关键在家庭，有什么样的家庭环境，就会影响出什么样的孩子。

何为起跑线？知识学习的起点不是"起跑线"，良好的学习和生活习惯、正确的人格形成和人生态度，才是孩子成长的"起跑线"。

也就是说，一个家庭的成立，就预示着你将来的孩子的成长与发展，所以起跑线在家庭和父母那里，而不是在社会上的什么班可以解决的，家庭环境已经决定了对孩子教育的成功与失败。

我认为在对人的培养上重点是"健全的人格，健康的体魄。"健康的身体是一切生活的基础，而健康的心理是孩子在生活、事业成功道路上的保证；注意孩子的生活习惯，注意身体的锻炼，让孩子始终保持饱满的精神状态，有助于在困难中坚持住。

健康的心理，有助于让孩子形成健全的人格，在人才的认识和任用上有这样的一句话"有才无德是小人，有德无才是君子，德才兼备才是人才。"真正的人才是厚德宽仁、通情达理、知识渊博，而"厚德宽仁"永远是做人做事的根。

初二上学期期中考试，孩子的作文题目是"我的父亲"。大致内容是这样的：

"有一次，我发烧到了三十九度，爸爸看我病得很重，就准备带我到医院检查一下。

穿上衣服后，爸爸搀着我下楼，我心里很难受……

小时候，我经常病，每次生病发烧，都是父亲背着我上楼、下楼去医院看病；而现在只是搀着我……

后来我理解了，这就是父爱；父爱就是让我自己学会走路。"

我看后非常高兴，孩子懂得理解别人了，并从中感悟到人生的道理，也学会了直面困难。

我认为，心理健康，就是学会理解和包容别人，懂得自己的行为与他人的帮助。

2012年10月

103

初中音乐课《行进中的歌》的听课笔录

在音乐欣赏教学中，应注意音乐形象概念的不确定性，因为欣赏过程也是倾听者（欣赏者）的再创造的过程。另外，因时代、年龄、生活环境等因素条件的不同，欣赏者对于音乐的理解也不同。

在音乐欣赏中，学生是无法想象和理解如《拉德茨基进行曲》所描写的时代的，它只能通过自身的生活体验和感受去理解音乐作品。

也就是说对于音乐的欣赏，不应把音乐的原本概念先拿出来让学生了解，而是让学生欣赏完、回答完后，老师根据学生的回答进行对比性讲解。

在教学中，教师应注意课堂教学的生成性把握，必须学会课堂效果的处理与知识层次的提升，必须学会捕捉课堂中任何可利用的机会。

如：在学生集体演唱时有一个学生声音大了、走调了，这时老师就应抓住这一点，首先鼓励学生敢于表现，再提出集体演唱所需要的合作性、协调性的音乐特点，进而让全体学生感知和体会音乐的和谐，和人与人之间合作的关系和意义，让学生在感知音乐中体会倾听、合作的重要性，并通过音乐，让学生在潜移默化中学会合作，养成合作的意识。

唱好歌曲是为了更好地欣赏音乐。

吴斌先生对唱歌教学提出了"唱会歌、唱好歌、会唱歌"三个学习层次。把歌曲学会为"唱会歌";有表情地演唱,能基本表达所唱歌曲的情绪为"唱好歌";能在演唱中将歌曲的风格、情绪等内容表达清楚,在今后类似的歌曲演唱中进行有效的表达为"会唱歌"。

进行曲特点的独唱歌曲,应注意行进中的演唱感觉,特别是歌曲中的抒情部分,演唱时注意行进中抒情特点的把握,在抒情中也不忘唱出行进的风格,如果一味地抒情,就会将行进步伐打乱。如《咱当兵的人》中"说不一样,其实也一样"一句,演唱中必须在保留行进风格的前提下抒情。一堂课后如果再有类似的音乐作品学生应该会欣赏和演唱。这也就是课堂教学的发展性。

每位老师在课堂上,都在给学生挖一个又一个的"陷阱",想尽一切办法引诱学生跳进去,一旦学生跳进去,老师们就会表现出如释重负的表情,并迫不及待地赶快进行到下一个教学环节。因为你备课时已将学生要回答的答案设定好了,如果学生不回答或者回答错了,你的下一个教学环节就没法进行下去。

教师备课时,特别是对某一作品的备课,应改变原来的思维定式,从作品的背后等方面进行全方位的观察,体验作品、感悟作品、分析作品,寻找兴趣点和突破点,并以此解读音乐作品。

如:《一二三四歌》一课中,教师的教学课件里有一幅解放军抗洪救灾的照片,一个士兵站在水中双手托起盆中的孩子,一个士兵站在水中为孩子打着雨伞。一般的都会简单地解读出人民解放军的伟大,但是到底怎样伟大,伟大在哪里都说不清。

如果换一下角度,我们先看孩子,孩子多可爱呀,从孩子身上我们更能看出爱——这一永恒的主题,衬托出人民解放军对人民的情。

2008年3月20日听课有感

104

初中音乐课《青春舞曲》听课笔录

歌曲的学唱、演唱是为了更好地欣赏音乐。

本课应抓住维吾尔族音乐的节奏特点这一条线贯穿课堂教学过程始终，让学生了解维吾尔族音乐的特点，掌握音乐形象、音乐风格，进而达到学会演唱、学会欣赏维吾尔族音乐的目标。教学中可选相关音乐作品让学生寻找、感悟维吾尔族音乐的特点。

要寻找每节课的切入点，寻找每节课中的兴奋点（从知识点、教学目标中寻找），捕捉学生学习的兴奋点，使学生在一个又一个兴奋点中学习、欢笑、想象。

在分析歌曲（歌曲情绪的处理）情感表达时，应注意不能在学生没有学会歌曲、不能完整地演唱歌曲时进行；而应在学生学会歌曲、能基本完整地演唱歌曲后进行。

歌曲的分析、歌曲情绪的处理，是为了让学生能够掌握完整的音乐风格，完整地领悟和体味歌曲的音乐风格特点、节奏特点和文化内涵，过早地进行逐字逐句的情绪处理是不可取的。

音乐的民族性、地域性、文化风俗等方面，对于音乐形象的形成影响很大。所以，应很好地把这些内容通过音乐展现在学生面前，这样会更好地让学生演唱歌曲。

不要简单地学习歌曲，学习音乐知识，要利用歌曲这个载体，让学生在学习歌曲中认识、感悟、理解、弄懂音乐知识，了解相关文化。

音乐课中了解相关文化是对的（地域文化等），但要明确了解的目的是为了什么，是为了更好地学习音乐、领悟音乐的真谛。

课堂上，音乐教师的教学语言，应做到精炼、准确，用音乐语言解读音乐作品。音乐是听觉艺术，通常我们会唱的歌曲中，听会的占80%以上，学会的最多有20%，只有大量地听音乐作品，才能逐渐体会音乐作品的风格和内涵，在音乐课上耳朵是最好的老师。

音乐教师的语言应像金子一样金贵。

诗云:言之不足，歌之咏之。音乐是语言的尽头，用语言解读音乐，是解读不明白的。

课件是教学中的辅助，是为教学服务的。

教师的教学不要过多地依赖课件，他只是教学过程中的提醒和教学内容的深层、直观的呈现，是教师教学内容、思想、行为数据库的备份和补充；一味地依赖课件，就会成为课件的奴隶，会造成课堂教学不深刻、流于形式，学生的学习也会枯燥乏味、兴趣全无，教师和学生都完成不了教学目标和学习任务。

音乐课堂教学中，音乐活动是学生在实践中对音乐作品的再理解。

有的音乐课中，让学生为歌曲伴奏时，是破坏音乐形象的，而我们的老师却浑然不知。加入打击乐、表演、小组讨论等学生活动，在适当的音乐环境中是可以的，但这些活动必须有助于学生对音乐作品的学习和理解。如果这些活动加不好，不但对音乐作品没有帮助，而且会破坏音乐作品的音乐形象。

2010年6月

105

技能课程的基本问题不是"基本功"

前段时间在孔新苗先生的博客中，读到了他的《技能课程的基本问题不是"基本功"》一文，很有感触，文章如下：

任何专业都需要"基本功"，"基本功"如同"勤奋"，是任何时候、任何地点、对任何人、以任何理由去强调都不会"不合适"，因为它可以"量化"，因而是"有道理"的。那些有好专业成绩的人通常被认为是有好的"基本功"和"天赋"。

对"天赋"大家很无奈，因为没人能证明它"是什么"（不可量化），如同身体和容貌是父母的DNA偶然结合出的"天意"。但专业天赋又不像面相那样"形象"。不管儿女多么美貌，只要没经过美容手术，其相貌与父母之间的关联总是直观的，或者说可量化的。但一种现代文明中的专业天赋，有时往往会出现在一对山村农民的儿女身上，而那些专业大家的儿女中也常见不开窍的"木疙瘩"。所以，所谓"天赋"也一定与教育有关。因此，教育就成为一门大学问，教师的工作就有了在技能训练和劝导勤奋之外更多的内涵。

几天前我去做"美术基本功比赛"评委，面对几百张在同样的时间、条件下完成的描绘同样形象的作品，我突然感到对美术来说，基本功是完全没有不行，有也没用的东西。

　　之所以这样说，是因为当构图、色彩、造型……这些基本功训练结果组合在一张作品中时，当95%的参赛作者都能"画得像"时，作品综合体现出的另外一种"感觉""效果"和"味道"，又显然不全是来自基本功的。这使我联想到，生活中那些有着浓眉大眼、端正光鲜形象的人，往往没有都进入我们的"最可爱的人"的前位，我们最喜欢的那些"有味道""有感觉"的男人和女人，又往往离美男美女的"标准"有一定差距，仿佛正是这种差异形成了他或她的独特"魅力"。由此，我们这些相貌平平的普通大众也得到了安慰，在明显大量缺乏"美人基本功"的情况下，没有必要自暴自弃。在这个意义上我说：基本功完全没有不行，但对优秀作品来说，有了也没用——还需要另外的东西。

　　那另外的东西是什么？作为美术教育，我们又如何让学生在获得必须的基本功的同时，还获得处理画面的"感觉""效果""味道"这些无法"量化"却更加重要的能力的训练？我的困惑不在于是否能明确找到这种路径，而是这一问题仿佛没有得到大家的"自觉"。根据是：基本功比赛中大部分作品与高考入学试卷没有"质"的差异。学生入学后"学"了什么？比赛在"比"什么？美术基本功是"为"什么的？或者说：什么才是基本功的"基本"？

　　这又使我想到了"写生"。这一20世纪中国美术变革的主题，被赋予了文化的、意识形态的、艺术技能训练基本功的种种光环与价值，它给中国美术带来了全新的创作面貌和语言形态变革，也带来了唯我独尊的训练模式。正如任何事情都有两面性，在某些"写生训练"中，学生主动处理画面，主动思考绘画表达的追求和欲望被遮蔽了，大家沉浸在"看"模特、"看"衬布、画"像"、画"准"的追逐中，失去了构图"经营"的感觉、"形"的感觉、画面"效果"的感觉……今天，是到了重新思考这些问题的时候了。

我的思考是：

艺术天赋＝基本功（可量化）＋趣味敏感（可被唤起，也可被忽略）

艺术成绩＝勤奋（可量化）＋机遇（不可求）＋个人特点（可被培养，也可被忽略）

在这一简单的结构概括中，教育、教师的最关键任务，是在实施前一项"可量化"教学工作的基础上，更加关心"可唤起"、"可培养"，"也可被忽略"的那一部分。

因为这一部分涉及的因素更加复杂，需要的过程更加多变。教师可施展的空间更加宽阔，学生可探索的可能更加多样。

所谓好老师，正是那些在这方面有所用心的人。送人以"鱼"，不如授人以"渔"。

一段时间以来，我们是否不自觉地过多强调了前项而忽略了后项，把"基本功"看作是纯而又纯的技术基础，其实，绘画基本功与艺术感觉的训练是一个硬币的两面，不可分离。

对这一问题的实践，不会有统一的、正确的标准。观点一定是言人人殊，但只要大家都去关心，都去用心，我们的美术课程就会引入新的活力……

2008年7月15日

106

备课与授课

教师授课应做到：理性客观地备课，感性投入地授课。

教师备课，应把学生的学习和发展目标，作为本节课的教学目标和教学重点。

备课是预设目标。授课是生成目标。

理性备课，是预设目标。教师备课时需要客观、理性地分析教材，分析学生的年龄、知识结构、认知取向、个性喜好等特点，抓住所教学生的认知规律；通过对教材、学生的分析，有针对性的设定教学目标，搜集相关资料，预设课堂中可能发生的问题，制定教学方法，设计教学过程，做好课堂教学布局。

像优质课中出现的机械照搬的环节和方法、主观臆断的课件设计、教学中处处受到课件束缚、知识发展与教学环节限制等问题，都是因为没有客观、理性地备课所造成的，也是在实际授课中出现问题的根源。

感性授课，是生成目标。就是在客观理性的思考、研究、设计、整理过程中，将所讲授的知识内容，内化入自身的思想、语言、行为中去，将所讲的知识内容，通过情感的交流进行传递。

教学过程是人与人之间情感交流的过程，需要的是心与心的沟通。感性授课是生成教学的先决条件，以情感人、以理服人才能打动学生，激起学生学习的欲望。

　　理性备课和感性授课，就是要求教师做到：心里有学生，脑中有思路，课上有绝招。

　　思路和绝招，要求教师在对学生了解和对教材深度研究的同时，用生活经验"深入浅出"揭示问题。

　　教育需要爱，爱教师这个职业、爱你教授的学科、爱你的学生。有爱，备课时就会客观地分析理解教材和学生，有爱授课中才能真诚、认真地观察学生学习的情况，根据学生的需要讲授知识和人生道理。

　　情到深处方自然。

　　备课有爱，教学准备就会充分、合理；授课有爱，教学行为就会自然、明了。

　　有爱的教育才是真正的教育。有情的思考才能有深邃的思想产生。教育需要情，需要全身心的投入，需要用爱心换真心。

　　教师备课时的心情和情感的投入程度，决定了备课的质量。而如果情偏了，也就是说过于"唯我"、过于主观，就不能客观地看待、分析、研究教学内容，就不能合理地设计和安排教学计划。课堂上就不能随心所欲地授课，生动的课堂就不能产生。

　　理性备课是感性授课的条件和保障，只有课备得充分了才能有效地解决课堂上出现的任何问题。

　　用情是授课感性化的主要因素。情到深处方自然。备课、授课都用情时，教学效果和质量才能自然生成。

2008年4月

107

教学目标

教学目标四个字，长期以来都使人们产生错觉，总以为是教师的教学应达到的目标。其实不然，一般来讲"教学目标"是教与学的目标，但从教育本身来说教学的根本目标是学生的学习目标和成才目标。

课堂教学目标，不是教师教学的目标，而是学生在这堂课中的学习和发展目标。是以学生与所授知识之间，可能出现或需要解决的问题为对象，在学生学习过程中如何解决并达到的目标。

教的目标是让学生学会、弄懂，学的目标也是让学生学会弄懂。

课堂教学目标分总目标、阶段性目标、教学方法目标、教师语言目标、教师行为目标等。

课堂教学总目标就是应达成的课堂目标，是学生在课堂中应该掌握的知识目标、生成的能力目标、延续的发展目标。

课堂教学中的阶段性目标，就是教师教学和学生学习过程中应达成的环节（过程）目标，即阶段性知识目标、阶段性能力目标。阶段性目标教学应注意其阶梯性发展轨迹。

教学中，解决问题比寻找正确答案更重要。

教学方法的核心任务，就是解决问题。

教学方法目标，就是根据课堂中出现的问题，利用各种不同的、适合的方法有效地解决问题的目标。

教学方法有多种，如启发式、探究式、小组讨论、师生交流等；在运用上要注意教学方法的有效性。这个有效性就是目标。

教学行为目标，就是教师在教学过程中为解决问题，所做出的每一个动作、每一个微笑、每一个眼神。

教师的教学语言也要有目标，教师应针对问题，针对环境，针对学生表现，准确设定教学语言，以期达到教育效果。

课堂教学目标是由教学环节、教学活动、教学行为、教学语言等一个一个小的教学目标组成的。教师在课堂教学中应把总目标放在心里，把各个环节目标、方法目标等放在行动上，利用语言和行为与学生共同努力来完成。

课堂教学中应做到，

已知的略讲，选择知识内容的关键点讲解；

未知的深讲，对未知的知识内容要解读清楚、讲解深入；

启智的巧讲，找准所讲知识的支点和切入进行讲解。

教学目标，需要老师和学生共同努力才能实现。没有教师和学生的共同努力，教学目标是难以实现的。

2011年6月

108

南风效应

读书中看到一则有趣的故事，拿来与大家共享。故事的梗概是：

北风与南风打赌，看谁的力量更强大，他们决定比谁能把行人的大衣脱掉。

比赛开始了。

北风无论怎样吹，行人的大衣也没有脱掉，反而，吹得越猛烈，行人将衣服裹得越紧；而南风只是轻轻拂动，人们就热得敞开大衣。

南风效应告诉人们宽容是一种强于惩戒的力量。

教育孩子同样如此，那些一味批评自己孩子的父母，最终会发现孩子越来越听不进他们的话。

"北风"的教育方式，就是把问题扩大化。

家长刻薄的语言，像北风刺骨，让学生产生反感、防范的心理；学生的心理越逆反、越防范，其情绪就会偏激，走极端，把自己的缺点就会越裹越紧，家长的教育就会失败。

"南风"的教育方式，是宽容，是在温暖的语气中，给人以谆谆教诲，这种教育孩子容易接受，也会主动地改掉缺点。

每个孩子都有可能犯错误，父母和老师要容忍孩子的缺点，客观、理智、科学地处理日常生活中出现的各种问题。

教育孩子，从自身入手。丰富自己从榜样的作用上看是最好的教育。做好自己的本职工作，增强自己的修养，做学生的榜样，比有声的教育来得更直接。

教育要学习南风的做法，用爱的热度感化学生；用情的热度激励学生。

猛烈的吼叫，解决不了问题，只能使问题和矛盾扩大、激化。

体谅、理解、包容，这样才能够更加好地教育孩子。

2016年10月听课有感

109

教师的必修课

兴趣和欲望是人们求知动力中的两个过程。

兴趣是人们内心的触动，欲望是人们行动的先兆。

我们的老师应抓住的是学生学习兴趣中的欲望，虽说"兴趣是最好的老师"，但为什么学生有了兴趣，老师还是讲不好，学生也学不好？这是因为在上课过程中，学生出现兴趣时，老师抓不住学生学习的兴趣点——欲望。

问题出在：

一是，老师分不清兴奋与兴趣。兴奋是人心里的冲动，是人心的"趣"，是兴趣的能动之源。

老师往往把学生高兴的心理，当成了兴趣，这样发展下去课堂教学的无用功就多了，教学效果一定会打折扣。

二是，教师教学所用的教学手段和方法，制造不出来学生求知的兴趣点——欲望，学生没有生成求知的兴奋心里，教师的课堂教学阻力就可想而知了。

三是，教师读不懂学生的心，不了解学生需要什么，不需要什么；喜欢听什么，不喜欢听什么。

学情分析，就是要求读懂学生的心。

备课，就是教学前的准备。是教师根据对学生心理、年龄、认知等方面的了解，结合所要讲授的教学内容，寻找容易激发学生学习兴趣的知识点和问题，想办法让学生动起来。

学生的心动了，学习的兴趣就有了。

所以，读懂学生的心，是我们教师今后的必修课。

2008年10月

110

以人为本

在《陈设艺术设计》一课中，老师从开始就将"以人为本的设计理念"挂在嘴边上，并在教学过程中不断提及，但效果如何？教师是否做到了"以人为本"？实在不好说。

在教学过程中，教师的想法和表达，不是形式，不能做表面文章，挂在嘴边上的"以人为本"，不如付诸教学行动上。

教师上课，"做"一定要比"说"得好。

创意是把平常的事物，赋予不平常的含义。

让学生在观察中，从不同角度寻找创作方法；在自我构思设计的过程中得出创意答案。

在学生进行设计作业时，教师不可以一味地进行自己的设计陈述，这样会把自己的观点强加给学生，削弱学生的设计创意思维能力；另外，在美术课上，这种口头上的陈述讲解，不如变成行动上的直接绘画示范。因为，我们上的是美术课，不是语文课。

设计在上节课的时间里，学生已经了解了很多，这时变了形式陈述创意的方法和做法，就显得重复多余。

老师一直提到"以人为本"，而在一些设问的设计中，总是以自己构思的为主，并用自己的构思去提醒学生，这不是"以人为本"，因为课堂上的"人本"就是学生。

把时间还给学生，把思考还给学生，把观察还给学生，是真正的"以人为本"。

在课堂上，老师应尽一切可能，把应该是学生的一切都还给学生。

本节课，老师不断地讲解，很难让学生体会到自己如何去创意设计；学生在自我设计的方法上，也很少有自己的建树，文字上的理解，解决不了设计课程中的问题。

设计课程中的"以人为本"，就是要学生亲自参与到设计活动之中，因为设计创意体会、设计思维形成，需要在实践中完成。

教师应引导学生在实践中学会根据生活感悟用美术语言创作出美观实用的作品。

美术课一定要用画笔说话，用画笔解释一切课堂上需要讲授、需要解决的问题。

设计上的"以人为本"，就是以需求者为本。教学中的"以人为本"就是以学生为本。

2008年10月

111

母子问答

有一次，在杂志中看到这样一则故事。

母子俩去看交响乐演出。

孩子只有七岁左右。

演出期间，孩子问："妈妈，什么是交响乐？"

妈妈思考了一会，说："你看到背对着你的人了吗？"

孩子点点头。

妈妈又说："那是指挥。你看到指挥手中拿的木棍了吗？"

孩子又点点头。

妈妈又说："那是指挥棒。"

接着妈妈说："指挥用指挥棒，把各种乐器发出的声音搅和在一起，就成了交响乐。"

面对七岁左右的孩子，这样的解释是非常合理的。

如果我们将交响乐是什么，是包含多个乐章的大型管弦乐曲，一般是为管弦乐团创作。交响乐就是大型管弦乐套曲，从意大利歌剧序曲演变而成。"交响乐"的名称源出于希腊语，意即"一起响"。等等这些概念念和知识，通通讲给一个从来没有接触过交响乐的儿童时，孩子是听不懂的。

由于年龄的认知特点，孩子弄不懂什么是交响乐，讲得越多孩子越不明白。

在教学中，同一个问题、不同的年龄，讲解的方式和深度是不同的。

但教学的目的是一样的，就是让孩子明白。

在任何场合，任何的教学内容，教学方法的运用核心，就是让学生学会弄懂。

适合学生年龄的认知特点，简单明了，是最好的教学方法。

就像武术一样——最直接、最简单的招数，最具有杀伤力。

2007年10月

112

教师行为的思考

我们教师在课堂教学中，有很多好的东西给了我们启发和灵感；很多的缺点和错误，也给了我很多的思考。

经常看到，授课过后，老师往往疏于整理、惰于探讨，不去总结思索，以至于我们的教学日复一日、年复一年没有太多的改变。

这种惰性和习惯束缚了自己的行为能动性，更束缚了思维的发展，遇到问题也不会全方位、多角度的思考。惰性的形成又使自己与成功分向而驰、越走越远。还产生了唯我的心理，自私不自知，自大不自爱，一切以"我"为中心。

在别人取得成绩后，却又总是想"他"怎么会比我强呢？我也能做到呀！

实际上"他"的想法和做法，老师们曾经也想过，只是没有去做、没有坚持做、没有去研究总结罢了。

问题出在做过了不再想，没有做过的也不去深究。

既然看到了、悟到了，就应该去做。不要怨天尤人，更不能产生嫉妒心理。

悟到了就应该行动、就应该探索、就应该坚持做下去，就应该在课堂上展示出来。

不要把课堂看成一个简单的教学过程，要学会运用课堂教学这个载体去教育孩子、传播文化、丰富自己。

就像音乐课一样，不要把它看成是一个简单的音乐教学过程，他的目标是利用音乐去传播文化和思想。

思想的形成需要思考，需要不懈的努力才能实现。

2008年1月10日

113

培养健全的人

素质教育是全面的教育，培养身心健康、知识全面、行为的体、德才兼备的人。

鉴于当前用人制度，特别是人才选拔制度的设定，考试成为了一道不可缺少的程序，我们家长将考试看成了一个重中之重的门槛。

片面地认为学习不好，第一关的笔试就通不过，你有再好的综合素质也不能让人看到。

学生当前的主要任务是学习，学习不好也就是没有完成任务。这个道理是没有错误的。

但是，学校是育人的场所，育人和知识的传授都很重要，从某种程度上讲，育人重于知识的传授。另外，要想学习好必须让孩子有兴趣，因为成功源自于兴趣，兴趣得益于愉悦。

愉悦心情的产生，需要有良好的心。良好心态的形成，需要环境，这个环境就是家庭和学校。

一个心态不好的人，很难产生愉悦的心情。

一个人知识再渊博，没有良好的心态，总是怨天尤人，是成不了大器的。

一个人总是斤斤计较，不能与他人和平共处，是得不到支持的，得不到支持，就很难成功。

任何人在对事物接受的程度，都取决于心情，愉悦的心情积极接受一切，不好的心情拒绝一切。

给孩子一个愉悦的学习和生活环境是非常重要的。

要想把孩子培养成为"德才兼备才的人才"，家长要学会"忍"，不要把分数看得太重，要注意孩子良好的心理素质的养成。

一个人有"德"才有人缘，有了人缘才有可能被人发现你的能力，有了"德"和"能力"才是人才，才有可能在生活和事业上获得成功。

"忍"住对孩子分数的奢望和渴求心理，多注意孩子的身心健康和全面发展，让孩子真正在健康愉悦的环境中成长，才是真正的素质教育，也是孩子将来能够得到良好发展的条件。

身心健康是基础，知识渊博促提升。

2016年11月

114

学会欣赏

欣赏，是指领略赏析，也指享受美好的事物，领略其中的情趣。欣赏，就是用眼睛去关注、用耳朵去聆听、用心灵去体味人世间的美好。

学校教育中，不同的学段教学的目标也不同。美术课程的欣赏教学目标，不同学段的教学方法和教学目标也是不同的。

小学段美术欣赏是以培养学生认识美的能力为主。让学生学会运用粗浅的美术知识和自我的生活感觉，结合作品背景辨别、认识美术作品的美。

初中段美术欣赏是以欣赏能力的培养为主。让学生通过自身生活的经验和所学知识（用美术语言、自身生活经验、历史文化），把美术作品的历史文化背景和创作手法联系起来，去辨别、理解、欣赏。

高中段美术欣赏是以培养甄别、评价、鉴赏能力为主的。让学生在初中所学知识的基础上，通过不同的角度、不同的时间、不同的文化，对美术作品进行观察、探究、解疑、评价、批判和甄别，达到鉴赏的目的。

欣赏：先欣后赏（初级），学会欣赏，即先感觉欣喜、喜欢，后达到喜欢、喜爱。过程：作品——视觉体验——生活经验——美术知识——文化背景——联想——评价——达到审美目的（初级）。

鉴赏：先赏后鉴（高级），即欣赏与鉴别相结合。过程：作品——视觉经验——生活经验——美术知识——作品背景——历史、地域文化背景——欣赏角度——批判和甄别——达到审美目的（高级）。

要学会运用作品背景教学，通过美术作品欣赏，培养学生的感受美、表现美、发现美、创造美的审美能力。

人生需要欣赏，人生路上需要用真诚的心灵去欣赏，而不是用好奇的眼睛去打量。

自然界中处处是风景、是美丽的诗，当我们驻足欣赏一花一草，看到花开花落、雁去雁来时，我们就会领略到大自然的至善至美，也常常会忘却尘世间的烦扰。

欣赏是一种能力。欣赏能力的形成，对一个人的成长至关重要。学会欣赏，就是学会发现美、欣赏美，学会欣赏别人，懂得美存在的价值。

欣赏别人，就是学会寻找并发现别人的优点，寻找别人身上的美。

每个人都渴望被人欣赏，生活中我们往往忽略了欣赏别人。

更多时候，我们善于发现别人的缺点，乐于放大自己的优点。

然而，欣赏是相互的，要想被别人欣赏，就得先去欣赏别人；只有欣赏别人，才能会被人欣赏。

人生不可能完美，但可以追求完美。欣赏是一种互补，是一种促进，也是一种和谐。

欣赏别人，也能提高自己；

欣赏别人的谈吐，会提高我们的思维；

欣赏别人的行为，会提高我们的做事能力；

欣赏别人的大度，会开阔我们的胸襟；

欣赏别人的善行，会净化我们的心灵。

学会欣赏别人，就是少一点疑心，多一点信任；少一点冷漠，多一点热情；少一点鄙视，多一点敬仰。

　　欣赏多一点，矛盾和误解会少一点，人与人的距离才会更近一点，人际交往才能和谐。

　　欣赏别人是一种尊重，被人欣赏是一种认可。

　　欣赏是一种能力，学会欣赏，懂得欣赏，才会充实你的人生！

2007年5月

115

怎样才算一节好课

在各种课程评选、教研活动中，经常会有教师和校长问道——怎样才算一节好课，好课的标准是什么。

就备课、课堂教学而言，一节好课应具备以下几点。

一是教学目标明确，具有发展性。明确的教学目标，是一节课的统领，教学目标的设定，必须要建立在学生学会的基础上，这是目标明确；课后有理解和应用的能力，这就是教学目标的发展性。

二是知识传授的切入点准确，主线清晰，以点带面，具有突破性。教学的切入点准确，不是盲目地追求新、奇、特；一堂课的教学必须要有清晰地主线，这条主线能够做到以点带面；对知识的理解、知识传授的角度有创意、有发展。

三是教学手段、教学活动、教学环节等设定恰当有针对性。能够针对学生的认知特点，设计出有阶梯性发展作用的教学环节；能够针对学生的认知特点，准确有效地设计教学活动、运用教学方法。

四是课堂教学的完整性。知识传授完整，问题解读全面，音乐课中能够完整地揭示音乐形象；整堂课有始有终结构完整。

五是教师语言严谨、准确，有驾驭课堂的能力。教师的课堂语言有针对性，语言精练准确，有引导、启发作用；在课堂教学中教师应像一名医生一样，学会在课堂教学中运用"望、闻、问、切"的诊脉、看病方法，并学会对症下药。

六是学生积极参与，乐于探究，能够有效地完成教与学的目标。学生对于教学活动的参与，不是形式上的表现，而是学生的心神是否完全进入到课堂教学之中并与老师一起在不断修正的过程中完成教学目标。

七是一堂课，能够使学习者、听者，从知识、人生等多方面得到启迪，并具有欣赏的价值。做到"情感、态度、价值观"的三者统一。

一堂好课，就是学生能够学会弄懂所学知识，得到人生的启迪。

2005年4月

116

课堂教学须掌握的六个原则

　　任何学科的教学都有一定的规律和原则，音乐学科也不例外，教学方法只是再现这些原则的手段。

　　音乐学科的教学手段和教学方法是各学科中最多样、最复杂的，但不管教学方法和手段如何复杂，如何的多样，以我所见都必须以审美为核心，坚持趣味性原则、主导性原则、主动性原则、旋律性原则、准确性原则、创造性原则、发展性原则。

　　趣味性原则。就是指音乐课教学方法和教学手段必须有趣味性，必须以启发学生的学习兴趣来设计教学过程中的各种手段和方法。如：游戏活动的设定、律动动作的设定、发声练习的设定、节奏训练方案的设定、以及学生在学习和演唱歌曲时教学方法的设定，都应尽量设计一些趣味性较强的内容和方法，使学生在愉快的气氛中接受教育、学习知识。即以学生愉悦感受和积极参与为出发点，培养学生学习音乐的兴趣，促进学生活泼、主动地学习。

　　主导性原则。这一原则主要是针对教师而言。教师在教学过程中必须明确自己的位置——教师在教学进程中的主导作用。教师是引导、启发学生学习的媒体。

主导性，就是说教师教学必须以导为主、以教为辅。

如：音乐课中的一个问题、一个知识或一个节奏、一首歌曲的学习，尽量不要去讲授，要用一些趣味性强，能引发学生学习兴趣的比较简单易懂、易学、易模仿、易操作的手段和方法，最大限度地引导学生积极主动的参与音乐实践活动，让学生在音乐实践活动中不知不觉地接受音乐，学习音乐，掌握音乐知识，提高音乐审美能力。

主动性原则。与主导性原则相对而言，重点是学生。音乐教学过程中教师是主导，学生是主体，教师以导为主，学生以学为主。

音乐教学要重视学生的主动性，最大限度地引导学生积极参与音乐实践活动，这是主动性原则的关键。一节音乐课，不管是中学还是小学，如果学生不能主动地学习、教师不能充分地发挥学生学习的能动性，把学生捆绑在凳子上学习音乐，音乐的美、音乐的情、音乐的节奏又如何让学生体验，如何让学生表现，更如何让学生创造？

所以，音乐教学必须做到少讲多导，让学生主动学习，不要怕课堂"乱"，如果上课总是以"坐直手放好，眼睛正视黑板"的做法要求学生，就不是音乐课。

让学生主动参与，整堂课的教学过程始终保持动态教学，才是真正的音乐课。永远不要忘记学生是学习的主体，学生主动参与音乐实践活动，才是好的教学方式。

旋律性原则是指在音乐课教学过程的始终，必须做到每一个教学环节，都具有欣赏的价值。

真正的音乐课像音乐作品旋律一样，有抒情、有激情、有休止、有发展、也有高潮；教学的每个环节就像乐句的不断发展，教师的引导是抒情，是课堂教学推向高潮的铺垫，学生的参与是课堂的高潮，整堂课在跌宕起伏中表现出音乐的旋律性，使音乐课中无论是教师的范唱、放录音、游戏活动和学生参与表现过程，就如音乐作品一样都应具有欣赏的价值。

准确性原则是指教师在授课时必须做到语言准确、动作准确、知识传授准确。音乐课还要注意游戏活动设计的准确性，歌唱声音的准确及乐器使用和编排的准确。

音乐教学不同于其它学科教学，课堂教学的生成性比较多，由于音乐欣赏中音乐形象、概念的不确定性，问题的出现也是突然的、多元的，教师对知识的解释有很多也是无准备临时的。因此，往往会出现知识的误教、错教或讲授不确切；这样，学生掌握知识的正确性就会大打折扣。准确地解读音乐作品、音乐概念非常重要。

音乐课中的游戏活动，是为音乐课教学内容服务而设定的。一个游戏、一项活动不能准确地表达教学内容，传授给学生的概念就会模糊不清。如：$\frac{2}{4}$、$\frac{4}{4}$ 拍的区别，有的老师，只是指出 $\frac{2}{4}$ 拍和 $\frac{4}{4}$ 拍一样，第一拍都是强拍，或是作出 $\frac{4}{4}$ 拍和 $\frac{2}{4}$ 拍一样都强弱强弱规律，从后者看来基本正确，但后果只是一个——既然 $\frac{4}{4}$ 拍和 $\frac{2}{4}$ 拍的强弱规律一样，为什么还要有 $\frac{4}{4}$ 拍强弱次强弱规律的存在，这一切在学生眼里永远只是一个不清楚。如果以类似的传授方法编排游戏，会使学生的认识更加模糊。

所以，音乐教学必须做到"言必准、行必准、动必准、编必准"的十二字原则。

创造性原则。这里指的是培养学生的创造力。音乐学科的特点是学生主动参与音乐实践，在实践中学习音乐、感受音乐、表现音乐。

"音乐是语言的尽头"，音乐语言的功能是文学语言所不能替代的。音乐语言不受时间的限制，中世纪的音乐到今天也不会落后；原因是：音乐语言对听者的感受来说不受作品创作时间限制，它只对听者听音乐时的环境、心理、文化修养及当时的心情起作用。

心情好了，音乐旋律是美丽、动听、抒情的；心情不好了，音乐旋律是悲哀、低沉、伤感的。在音乐教学把自己的思维或教参的提示强加给学生让学生去理解、去弄懂是不正确的。因为，一个班50名学生，他们的家庭环境、社会环境及每个人的性格特点、理解问题的能力都有所不同，他们对音乐的理解也不尽相同。

所以，音乐教学必须充分发挥学生的想象力、让学生在音乐中体味和表述自己的情感，并根据自己的情绪发展，创造性地表现音乐、理解音乐。我们教师必须从这点出发，设计好教学过程和方法，以求最佳的教学效果。

发展性原则。就是要求一堂课的教学，必须在课后学生再接触到类似的音乐后能理解、读懂。如，学生在课堂上了解和掌握了朝鲜族音乐的风格特点，课后不管在什么场合，当朝鲜族音乐响起，学生就能分辨出来，并能利用老师讲的方法去分析和理解音乐作品，这就是发展。

音乐的学习是在体验中进行的，趣味是体验的动机，主导是开启学生学习的欲望，是调动学生主动学习的钥匙；知识的准确是让学生在创造的过程中用好，而发展性是学生将来踏上社会生存、创新、成才的根本。

这是音乐教育的关键，也是教育的关键。

2002年10月

117

教学中的几个问题

　　学会思考是教学质量提升的根本，教会学生思考，是学生一生成长的基石。教师授课不能只重视知识的传授，教会学生学习的方法，学会思考，提高思考能力才是最重要的。

　　如何听课？

　　成功的经验大家往往只是拿来应用，大多数人很少思考为什么成功。就好像听课一样，听一堂好课，我们往往会产生拿来主义想法和行动；不成功的课，在听的时候总在以挑剔的眼光寻找别人的错误。不管课上的好与坏，要学会思考，要多问自己怎么会这样、要我做的话我会怎样。所以，听课的时候，好课寻找的是启发点，不好的课要想解决问题的办法。有时候遇到不好的课，会比看好课收获更多，因为你在思考。

　　另外一个问题，对学生目前的学习能力和我们教师目前一些状况的掌握。像半音阶演唱，我认为有时候并不是大家想象得那么难。

　　首先，老师没有用一些有效的办法，把学生注意力吸引过来。我看过台湾一个小学的教学方法——接唱法，即教师唱一个乐句，学生唱一个乐句，反复练习，在无意识中就可以做好。

　　再说一个就是专业语言的问题。如唱歌教学，我们老师经常会说

"把口腔打开"？口腔怎么打开？有的时候，有些孩子可以理解，但大部分孩子是不能理解的。不是说这个不可以这样说，水到渠成的时候就可以说。

我们音乐教师在大学都学过声乐，"口腔打开"是一种意象感觉，看不见摸不着，寻找的是一种感觉。中小学音乐教育，是普及教育，学生都是非专业的，理解不了专业的话语和概念。遇到类似的知识和问题，教师应根据教授对象的年龄和认知特点组织语言，寻找行之有效的教学方法去解决问题、传授知识。这些东西大家要斟酌一下。

说说模块选择。现在高中都要求模块选择，要求实行走班制授课，希望老师在教材的使用上要因人而异；要注意选择性授课，不一定一本书全部上完，选择你能把握的内容、乐器和方法，选择学生感兴趣、喜爱的内容去上课。并用这一个内容（如乐器教学）去寻找更多身边的、简便易学的乐器。比如，你会吉他，就去找吉他曲，用吉他将器乐教学一直贯穿到底。

《清凌凌的水来蓝盈盈的天》这个作品，老师要好好思考。譬如它的主奏乐器是板胡，是板胡的色彩衬托出音乐的风格的。

大家听过用中国民乐演奏的《拉德茨基进行曲》，听过后比较，大家都喜欢管弦乐队的演奏风格，因为作曲家创作一个作品的时候，脑子里最先出现的不单单是一种情绪，更主要的是一种音乐色彩，感觉和感情同时迸发。

真正能体现音乐作品风格的是旋律和节奏。

这里我只想说节奏，节奏是音乐的骨架，节拍就是骨髓，节奏遵循节拍的规律而演化和发展，要是没有骨髓，骨头就要坏死。

所以，关注音乐，必须要考虑音乐要素的作用。

2014年5月听课后与老师交流

118

课堂导入和素材利用

音乐教材中的"五十六个民族"这一单元是相互联系的，每册一到两个民族的音乐这么一个个连续起来，几年之内把民族音乐知识教给孩子，让孩子感受不同民族的音乐风格。

素材的利用。《苗家儿童庆丰收》这节课，芦笙的使用是非常好的，老师是新学的芦笙，这是因为课程内容需要它，老师这么做，是因为分析和思考过这堂课的教学内容。在省级比赛获得好成绩的老师，有一个共同特点，就是对所授课内容的研究有深度，所涉及的知识的储备量很多、能力比较全面。

全国一等奖的音乐课《唱大戏》《大河之舞》的成功，充分体现出授课老师对教材、学生的分析，教学方法设计、教学材料的选用，都做了大量的准备工作，储备了大量的知识和所需内容。希望大家都能好好储备自己的能量。

音乐课的导入。《苗家儿童庆丰收》这节课的导入，一开始就介绍苗族的风景啊等等与音乐关系不大的内容，这种介绍不是不可以，但不一定要在课程导入环节讲。

音乐课的导入，要学会单刀直入，直奔音乐课的主题内容，不要简单地兴趣导入，不要想干什么就干什么，做无用功。导入是兴趣点，怎么引起学生学习音乐的兴趣是关键。

2000年前后，经常出现只重兴趣、目的不清的课，上课时放音乐，孩子跟着音乐拍手、唱歌进教室。

一开始很新鲜，我也感觉很好。但是学生进教室坐下以后，老师很认真地来了一个"上课!"

班长:"起立。"

老师: "同学们好!"

学生回答:"老师好!"

把先前营造好的音乐学习气氛打断了。然后，教师又重新开启导入，课堂教学重新开始。本来学生是高兴的拍手，和着音乐的节拍走进教室，很好。但这样一打断，把已经营造好的教学环境破坏了。

音乐课最忌讳在教学生成过程中的截断。这节课的音乐教学环境在学生进入的时候就已经生成，截断就造成零起点。

好的音乐教学环境只要创设完成，就不可轻易打断它，打断你要重新启动，学生的兴趣点就没有了。

实际教学中，必须注意这些问题，教学素材要选择好，音乐课的导入，要学会单刀直入、直奔主题;听音乐时不可轻易把音乐掐断，教学环境也不可轻易破坏，破坏了还得重新开始。

教学素材要选择不好，课堂导入不准确，随意破坏教学环境，都会影响教学质量。

2011年4月教研活动纪实

119

音乐课要用音乐说话

音乐课要用音乐语言去回答学生的问题。音乐是语言的尽头，用文学语言解释音乐是讲不明白的。运用音乐要素引导学生进入，不要寻找花里胡哨的东西。别人都说于老师的点子很多，导课的点子很多，不是点子多，是作品要达到一定的理解程度。

教学方法的获得是对教材、作品的理解和对学生的了解。

理解深度到了哪个层面，你的教学方法就到了哪个层面。

老师们经常是地方风俗介绍的大片放完了，就开始上课。

这种做法很明显，把兴趣和兴奋分开。兴趣是欲望，有探究和发展的可能；兴奋只是一种表象，只是一时的兴起。听听歌曲当中唱了什么，不是物品、山川之类的东西，而是音乐要素的运用，对生活的表达作用。音乐是情感的艺术，是语言的尽头。音乐情感的表达，是音乐语言的作用，用文学语言是不能很好地诠释音乐的。

音乐作品中有铜鼓的演奏，如果真是铜鼓的声音，可以去寻找。

第一遍，听出现了几次；

第二遍，听有没有不一样的乐句；

第三遍，再听一样的乐句出现了几次，不一样的出现了几次；

第四遍，跟着音乐简单地敲一下试试。

节奏画出来后，单独学一下节奏，简单一过就过去了，接着放音乐。这是用音乐解决学音乐的问题。

老师上课，每一次听赏的过程中，千万不要听一遍音乐"讲半天"知识或情景分析等内容。听一遍"讲半天"这样，第一不是音乐课，第二容易打断学生对音乐形象记忆的链条。

学生对音乐形象的记忆，需要连续性，讲的时间比听音乐的时间还长，容易把音乐记忆链条切开，切开的时间过长就会把你的思维切断。

音乐课上，音乐教师的语言应该比金子还要宝贵。教师的讲解要的是画龙点睛，不是论文答辩。

音乐课要用音乐说话，一切的学习问题都应尽可能地从学生听音乐的过程中解决。那些与音乐无关的内容更不需要讲，这样才能真正地提高音乐课堂的教学效率。

因为，音乐是听觉艺术，耳朵是音乐学习最好的老师。

音乐课，教师要管住自己的嘴，用好学生的耳朵。

2009年10月教研活动与老师交流

120

用情感玩音乐

音乐教师要学会在课堂上与学生一起玩音乐，让学生在音乐的实践中体会和学习音乐，掌握音乐作品风格和音乐表现技巧。

小学一二年级的音乐课——唱游课教学就是在玩音乐，初中高中都应该学会玩音乐。

我在河南讲课时，突发奇想，与老师们"玩"节奏，就是在规定的节拍速度下，全场所有的老师根据自己的想法和喜好敲击节奏，感觉很微妙。当再敲击一遍时，让老师听听什么效果，在听的过程中老师们纠正了自己的不规则、无特点的节奏，和声效果在节奏中体现出来，老师们非常高兴，也很轻松。

音乐学习在"玩"的过程中，不经意产生效果是最好的。

再说唱歌，回想一下（可能在城里生活的人不太了解），六七十年代时人们参加生产队劳动，农民干完活从山里田间回家，歌是哼着唱的。人们在夕阳西下时哼着小曲，很惬意，如果放开唱，就没有了这番意境。

音乐的控制是很关键的，哼着小曲就是在很惬意的心情中的"玩"。

初学音乐的人更多的是在吼叫，那是在学，不是在体会，不是在玩中学音乐。

玩中学音乐的关键，是寻找契合点，音乐中的契合点就是和谐，和谐的音乐才是好的音乐，才是有感情的音乐。

我们音乐老师上课，喜欢让学生放开"嗓子"大声地唱，你把情弄哪里去了，学习歌曲先唱的是情，以情带声，没有情感的演唱是不会打动人的。

音乐课从一、二年级就应该注意循序渐进。烟台莱州要求每个班级都是合唱队，每节课都注意孩子的声音。前几天去听了四节课，孩子改变很大，声音一出来就有这种感觉，虽然声音还有点拙，但是情有了。

中小学音乐教育是普及教育，不是专业技能教育。音乐课上，不要过于重视美声、发声，情是主要的，声音要自然，统一就好。唱歌教学是要考虑声音，但过于注重发声方法，音乐的情就没了。

音乐是情感的艺术。音乐课应把情感放在第一位，一切的音乐活动不应该离开音乐、离开音乐的情感。

在玩中学习音乐、在玩中学会沟通和合作是音乐教育得以成功的保证。

2014年11月听课有感

121

设计思路与教学

　　写教案时应先写设计思路，要把这个年级的学生年龄、认知特点和教材内容分析明白，把问题说明白，想采用什么办法讲清楚，也就是整堂课的思路和概要。

　　《送别》这节课，教案前面必须要有设计思路，要把影视音乐的作用分析好，如《送别》在电影《城南旧事》是如何的，不同的场景和不同时间的出现音乐风格又是怎样的，对电影故事情节发展的作用如何，用什么样的方法和素材去解读，用什么样的音乐活动让学生去体验等等都应分析透。

　　老师们讲影视音乐要想——我到底应该干什么、讲什么。

　　以前的音乐课，这首歌曲是什么情绪、表现是什么、都有什么乐器，这种问法特多。

　　这些问法，是指定性的，含金量不高，深度不足，答案只有一个——对或错，是与不是。

　　指定性问题出现的后果是，下面不能发展了，学生没有思考的动机和空间。

　　教师要多学会用思考性语言提问。如：听音乐后你心里有什么样的感受？为什么？这些要多用。

好的教学设计思路，是课堂教学得以成功的保障。在了解学生的同时，可以从中提炼出很多有效的教学方法。对教材内容和本堂课教学内容的分析理解，可以使音乐教师自身的知识结构丰富、完善、概念准确。这样，在课堂上教师授课就会大胆、自信、自然，教学效率就会提高，学会就会喜欢、敬佩教师，学生的学习质量也会提高。

设计思路，是帮助教师理解教材、音乐作品，了解学生情况的过程；一个好的设计思路，会使教师准确的设定教学目标，合理的设计教学过程各环节、有效的运用教学方法。

2010年11月教研活动

122

学会掰洋葱

小学生听讲的兴趣保持期只有3～5分钟，所以我们在教学中要学会掰洋葱，要让学生不断产生新鲜感和兴奋点。

音乐课要用音乐语言去解决，不要用过多的文字语言去分析，要想办法把一个一个知识点、问题等内容，利用由浅入深的方法，在学生听、玩的过程中一一完成。

我们老师平时上课，设计的教学目标都是虚的，是套话，特别是教学重点难点；一定要注意在教学目标下设定教学重点和难点，有目标了再去寻找重点、难点。

教学方法的运用是有其结构特点的，这个结构特点就是"由浅入深"的阶梯性发展。

一个教学方法如何获得结构性备课框架，要求每一个教学方法必须注意每一个小目标的设定与可能完成的程度。

教学目标是通过许多的小目标实现的；第二个教学目标必须比第一个教学目标高一点、深一点，以此类推。

而现在我们设定的教学目标都是平行的，没有层次和阶梯性递进感，第一遍听音乐思考的问题，第二遍听音乐提出的问题都是雷同的，这样是不行的，问题的提出没有阶梯性发展的特点，学生的学习是不会有兴趣的。

教学就像掰洋葱，掰到最后你会流泪的。

当你把音乐作品中的情感一点点掰开，一层一层有深度地解读时，教学才会打动人。

2016年4月教研活动

123

课堂教学不要追求"完美"

课堂教学不要追求完美，不完美才能产生完美。

有的时候我们老师备课喜欢追求"完美"，希望提出的问题学生都能够答对。

学生答对了还用老师讲吗？还要老师干什么？

课堂上出现问题是正常的，也是应该的，只要老师把问题解决了就能实现课堂教学的完美。

教学方法不要寻找新奇特。音乐教学方法没有新奇特，只有适合于这节音乐课的教学发展的方法才是好的教学方法；也就是说教学方法没有好坏之分，只有实用不实用。

真正的好课是心动，而不是身动。

我们老师更多地是关注形式化的东西而没有关注学生的心动了没有。

怎样才算一节好课？学生学好了就是好课，学生学不好就不是好课，关注学生的发展是课堂教学的主要任务。

老师如果把1～5年级的教材全部认真通读弄懂，再去寻找教学目标和教学方法，关注每一个学生，你会变得很优秀。

情到深处才自然，课要上得生动，就要全身投入。我们音乐教师上课，总是热衷于表演，喜欢表现，很少考虑传情达意，这不是表达。

"表达"一词怎么理解？表，是表现、表述；达，是达到。

表达就是将你的想法和情感传达到你要谈话的人的心里，也就是说，你的授课语言要送到了学生的心里才行。

知识的传授一定要注意"授"字，你的手端出来送给学生才叫"授"。"传道、授业、解惑"是教师职业的任务和义务。

音乐是情感的艺术，音乐首先感受的是情感美，通过音乐情感感受到美的存在。

美有悲剧之美、和谐之美等等，而这些美，都是在各个残缺的美的补充中形成的"完美"。

一堂音乐课的"完美"，也是在不断地纠正、改进、补充中形成的，那种以为学生答对了就好的教学设计，永远教不出优秀的学生。

2017年10月听课有感

124

重复——听课中的感悟

重复，是对学习内容的记忆强化。

重复，是音乐学习中必要的教学环节，没有重复就没有音乐的传播。

音乐课上别怕重复。头脑中积累的大量音乐作品，都是通过重复——在反复地听的过程中获得的。

但是，音乐教学中老师最不会的是重复，最怕的是重复。刚才放的课例体验、表达都有，最重要的是重复。

歌曲一遍一遍反复地听就是重复，但每一遍都增加新的游戏和内容，那叫教学形式变化。要重视重复的主体——歌曲，每一遍的重复都应以加深印象为主，音乐印象的加深，需要重复的方法。

教学中教师首先要树立重复的理念，重复的理念是音乐传播最重要的手段，没有重复就没有音乐流传。音乐百听不厌，所以不要怕重复，即便你没有变化，也得学会重复，要知道重复对音乐学习的重要性。

我看的一个课例，老师一遍遍重复，但他的重复是变化的，把重复变成一种强化记忆的手段。学生对音乐的理解和记忆都很出色。

音乐创作的重要原则是重复。音乐主题的发展就是不同形式的重复，节奏的重复，音区的重复，模进的重复等等的重复。所以音乐要不怕重复。重复的好坏，每次重复的变化，丰富与否取决于教师自身的经验。

重复有一个原则，整体性。刚才听的歌曲是不是整体？没有整体就没有表现力。

我们教师在教学中经常破坏整体。之所以《乃呦乃》这首歌曲学生听了、学了最后还不会唱，是因为老师一句一句教，一句一句练，学生对整首歌曲没有完整印象，支离破碎，违反审美的第一原则，任何人都感受不到音乐的表现力，所以，必须把音乐作品作为统一的整体来体验。

什么叫整体？相对完整的乐思是音乐作品最小单位的整体。我们的老师在教学中经常破坏音乐的完整性表达。在节选音乐片段时，要考虑音乐的整体。重复的前提是要整体，没有整体就没有音乐的表现力，整体重复非常重要。

对比（比较），是音乐学习最有效的方法。音乐中的概念是通过对比来获得的。如：音乐要素——强、弱、音色等。日本国际音乐学会终身主席专门为我们写的一篇文章《比较是最有效的学习方法》。音乐创作中，对比是重要的创作原则，很多交响乐的主题都是采用对比的方式。老师们要学会对比，让学生获得正确的概念。

老师们都会使用——体验、探索、听辨、表达、想象和联想等等。这里主要记住两点。对比和重复的使用。也是我们教学中不太会应用的方法，让大家理解重复和对比在音乐学习中的重要意义，特别是重复。

为什么有的老师说，现在学生不愿唱教材上的歌曲，就爱听流行歌。因为，流行歌曲街上到处都播放，天天播放，走到哪儿都能听到。这是音乐重复的弥漫性使然。

弥散性，就是弥漫扩散的特性。心理学里一般指情绪的泛化，或者心境的广泛性影响的意思。通俗的说，就是：今天我心情好，阴天也是好天气；今天我心情不好，晴天也不是什么好天气。

音乐的重复，让所有人不想听也得听。音乐的弥漫作用，强化了人们对音乐的记忆。

流行歌曲为什么到处都播放，是因为它背后有巨大的推手叫商业利益。

艺术歌曲，经典音乐没有推手，唯一的推手就是我们的音乐老师。但我们力度不够，课堂上我们老师讲知识、讲技能的时间太多，淡化了音乐的表现力和弥漫性作用。

学生记不住音乐，是我们在课堂上讲了太多音乐之外的知识和技能，影响了学生对音乐整体的感受力，这样音乐就没有了传播的可能。所以今天重点讲重复。

只有熟悉才能产生感情，听懂音乐就有情感的共鸣。

2018年5月听课有感

125

节奏学习——听课中的感悟

节奏是音乐的骨架。

小学低年级音乐课，最开始学习的内容是声音、节奏。

我们老师在音乐课教学中，总是单纯的将节拍和节奏拿出来让学生读、奏，以至于有的老师对我说：为什么音乐课上学生学会的节奏，在后面的课上又不会了？特别是对歌曲中的节奏没有记忆。

这是因为老师们把音乐记忆与节奏记忆分开了。

节奏是音乐的骨架，脱离了音乐的节奏学习是无效的，节奏的记忆永远离不开音乐。只有节奏和旋律的结合，才能产生真正的音乐。

所以，节奏的操作性练习，是为了更好的学习音乐。

我们来一个节奏记忆练习。

把一组节奏演变成一个节奏学习的逻辑和顺序，做一点操作性的练习。

$$\frac{2}{4}$$

① X X　X X　| X X　X　|
② X X　X X　| X　　O　|
③ X X　X X　| X　　X　|
④ X X　X X　| X　　O　|

第一个步骤，认识听记。将这几节节奏全部听1～2遍。

第二个步骤，删除式听记。

先读一遍。再一遍一遍读，不管屏幕上有没有音符，让学生都读下去。（每读一遍去掉一行）。总结出三条不同的节奏。

第一条①：　　X X　X X　|　X X　X　|
第二条②④：　X X　X X　|　X　　X　|
第三条③：　　X X　X X　|　X　　O　|

第三个步骤，听辨式记忆。

把第一条节奏放在讲台后面，第二条节奏放在钢琴后面，第三条节奏放在后面门口。演奏一条节奏后，让学生说出这条节奏在教室的哪个部位。

第四个步骤，应用式记忆。

唱一首歌《春天在哪里》，让学生告诉我们是哪两个节奏？

$\frac{2}{4}$ 3 3　3 1　|　5 5　|　3 3　3 1　|　3 0　|

正确学习的步骤：第一步叫做认识，也叫认知，这时和音乐没有关系。第二步叫记忆。第三步听辨。第四步是对所学知识的应用，是跟音乐的练习、音乐的实践。任何一个概念都要经过认知到实践应用的过程。

再换一种方法，方法就是把复杂的问题简单化。如：休止符。

第一条：

$\frac{2}{4}$
X X　X X　|　X X　X X　|
O X　O X　|　O X　X O　|
X O　O　　|　X　　X　　|
O O　O　　|　X　　O　　|

对一个孩子来说，节奏的合奏能力，取决于对休止符的感受能力。参与的作用其实是要他关注音乐本身。休止符使用好，提高音乐的感受能力。

自主学习是在教师指导下进行的。再做一个节拍练习，第一条是节拍参照，第二条是节拍形式数字朗读。

第二条：

$\frac{3}{4}$ X o o X o o X o o
1 2 3 **4** 5 6 **7** 8 9

学生数字朗读要求：

1. 大字读大声，小字读小声。

2. 大字读出声，小字不出声。

3. 节拍练习：大字拍出声，小字不出声。

这一种方法，对小学低年级学生节拍的认识和掌握是简单有效的。但按照节拍的重音来拍手是人的本能，不用教。老师们可以试一下，边唱《春天在哪里》，边拍节奏。大家不用思考就能做到，因为节拍的规律性特点使然。

提供方法，降低难度是我们教学的重要原则。老师们要着眼于用简单的方法让学生体验丰富的音乐；用方法提高音乐表现力，提高学生兴趣，提高节奏感受力。用有效的方法把复杂技能简单化，让学生更快投入到体验、学习、表现、创造音乐当中去。

2018年4月

126

音乐课中的音乐性——听课感悟

我听过一堂音乐课——《苗岭的早晨》。有一个环节，老师对同学说：你们画一个早晨。

我们的小孩都开始了画早晨，我不说你们也知道这个早晨画得什么样。太阳、山、小鸟、小草、大树，所有学生的画这些要素都有，就是没有音乐。

首先，老师让孩子们用图画的方式来表现音乐是正确的方法。但这个老师让孩子画一个早晨，而不是根据对音乐作品的去画，是一个错误的做法。所以造成了所有小孩画得一样，完全没有创造力。

我还看到另一节课，老师让学生听音乐画画，不给生活主题提示，只是要求根据对音乐作品的感受画画，画得非常好，能看出学生关注了什么，绘画作品反映出音乐要素在音乐作品中的表现，这是学生的感受。

他们把听到的音乐材料变化，用画笔把自己的感受画出来了。关注的是音乐本身，没有画成生活经验。

音乐课上让学生根据自己的理解，去关注音乐中材料的使用，音乐要素的变化，画出的画是正确的。

谈到学科综合，音乐课上必须注意：一是关注音乐本身；二是自己的感受，理解学生对音乐概念的不统一；三是不过度解释生活中的经验，只讲音乐进行的形态。

就像我们老师，在唱歌教学中，总是把朗读歌词作为音乐教学中不可或缺的重要环节，有的甚至在歌曲作品分析时（特别是对歌曲情绪、歌词、故事的分析）把歌词分析作为重点，逐字逐句地分析渲染；还有的老师把填词创编当成音乐创作，花大量的时间分析学生创作的歌词。

学生对歌词朗读得再好、创作得再好，不是音乐教师的功劳，是语文老师的功劳。

音乐课要用音乐说话，音乐学科教学必须强调音乐性，一切脱离音乐本体的教学，都不是音乐课，更不是好的音乐课。

2015年4月

127

识谱教学——听课感悟

中小学音乐教学中，识谱是重要的技能领域。因为识谱是一个人欣赏音乐、理解音乐，养成终身学习音乐习惯的必备条件，是音乐学习的拐杖。

我们希望学生学会识谱，但很少有人能学会。我们老师又是如何教的？

真正学会识谱有五个步骤。

第一步，唱名模唱。模仿老师唱唱名；一般在一年级时这样学习。

第二步，唱名背唱。把唱会的歌曲，用唱名把它背唱下来；在二年级实施。

第三步，节奏素读。按节奏要素读乐谱，节奏一定要先学好，节奏领先，乐谱背唱。在三、四年级强化学习。

第四步，识读乐谱。四年级开始识谱学习，力求五年级达到识读乐谱的能力。

在五年中完成识谱，这是识谱的四个步骤。

第四个步骤中，叫做按节奏要素读谱——节奏素读。节奏素读就是按节奏的要素读谱。读谱最难的就是节奏。在一年级时节奏就开始学习了，学习节奏时并没有学习唱名。到三年级这个时候才可以按节奏读谱。

大家注意，很多在识读乐谱时，不注重节奏的作用，老注重音高的作用。其实在识读乐谱当中，有一句话叫做节奏领先，节奏永远是领先的，识谱在心理学上讲，在唱这个音的音高时，眼睛在看下一小节的节奏。是节奏先进入心里，先进入脑海，所以是节奏领先。我们的节奏学习也在小学一二年级就开始。这就是第三个步骤，节奏领先，按节奏的要素读谱。

第四个步骤才叫做——识读乐谱，独立的视唱。我们的教材是五年中完成识谱，是按照认知规律进行的。

识谱是重要的音乐学习技能领域，识谱是按照正确的学习方法来进行的。识谱学习是有一定客观规律的。不能上来就教下加一线是do，那是学不会的。

提醒大家特别注意，真正形成识谱能力，一定要先把节奏学习好。因为节奏是音乐要素中一个重要的方面。音高很容易学会，节奏变化却非常复杂。视唱练耳的教材很多时候都是依据节奏的由浅入深来编的。

识谱学习还有一个简单、可操作的办法，就是把学会的、会唱的歌曲曲谱反复地唱，久而久之识谱能力就会提高。

关于识读乐谱，多讲了一点，希望大家能够有正确认识。识谱学习不能以学生丧失对音乐的兴趣为代价，这个原则要把握好，要有很好的方法。

其实我们音乐教师的识谱也不是刻意地学的，都是在不知不觉当中，在听音乐的过程中，逐渐掌握的识谱的技能。

美国一个著名心理学家说过一句话："识谱，希望在不知不觉当中顺带着，在音乐艺术实践活动中去完成。"他认为所有有意识的学习识谱，都会影响学生学习音乐的兴趣。

音乐是听觉艺术。我们头脑里大量的音乐作品是通过听觉获得的。音乐听了九十次后，终身不忘记这个旋律，这是心理学家进行的实验。

所以，中小学音乐教育中的识谱教学，应重视音乐听辨能力的培养，让学生把喜欢的歌曲、乐曲听会记住，听读结合，在潜移默化中提高学生的识谱能力。

2017年11月

128

音乐的特质

长期以来，人们对音乐内容、思想的表述有着两种不同的观点：一种是音乐是表达情感的，也就是说情感是音乐的主要表现内容，是"纯音乐"，它不是思想政治的表达工具；一种是音乐具有其思想性、政治性，有社会宣传、教化功能，情感只是音乐表达的手段或音乐信息输出渠道。

我们在这里想一想，音乐是怎样的艺术？它表达的是什么？而它表达的内容仅仅是人们心里个体存在的？还是与社会与人的生活息息相关？

首先，音乐是听觉艺术，是情感艺术，它是通过人的听觉器官传情达意的，是人们最初情感的声音再现。

音乐情感信息是在触击到人的心灵后，产生的情感产物，这种情感产物形成后，又反作用于人的心里。往往是由于音乐情感的作用，使人随情而动变化莫测，也正是因为人的心里感觉与音乐情感的相近相通，呈现出音乐——情感艺术的物质属性。

人是生活在社会中的，一切事物都是人与人之间，个体与个体之间，人与社会之间，个体与集体之间交流来往的生活过程中产生的。

情感也是如此，再个体的情感也脱离不了社会。如：孤独的、愤怒的、悲伤的、愉快的、欢乐的，这些情绪都是有前提和条件的，没有了前提和条件，人的情感和情绪就不会产生。

　　从这里也可以看出，音乐是情感艺术，其信息来源是人心灵深处的声音，这也是音乐产生的前提条件。

　　从音乐创作看，音乐是人的感性思维在情绪作用下的产物。也正是因为这种情感的相互借用，相互流通，把人们对社会，人生等方面的心灵感觉，透过情感这个纽带，人们把音乐分成了纯音乐和社会音乐。

　　纯音乐即相对于人的个体情感，纯粹或纯情绪化的"纯情"表现的音乐。但由于音乐是人创作的，人永远是在社会里生活的人，人脱离了社会就不会存在。所以"纯音乐"只是相对而言。

　　社会音乐，即有思想政治化的情感倾向。

　　无论是纯情音乐还是社会音乐都在利用情感这个武器，都是从人的心灵入手，在音乐语言的不断"诉说"中，触动人们灵魂深处的思维神经和情感神经，使人们的情感与音乐表达的情绪同步，感同身受。纯音乐能使人随音乐苦笑无常，社会音乐却会让人的心神亢奋。

　　由此说明音乐是情感的艺术，其表达的内容是情感。

　　音乐语言所表达的情感，在不同的环境中，也有不同的心欲所向，无论是纯情的，还是社会责任的。

　　所以，音乐不单单只有个体的情爱，还有道德，思想，政治等社会现象服务的，它不可能无政治思想倾向，只是在情绪的表达中的含量多少而已。

　　　　　　　　　　　　　　　　　　　　2014年3月22日晚

129

兴趣（二）

在教学中，经常会看到老师的教案上写着培养学生的学习兴趣，学校的教学活动中，也经常提到在教学中要重视学习兴趣激发。

而兴趣是什么？如何激发学生的学习兴趣？摆在我们教育工作者面前的一切又如何真正的让学生在学习中有兴趣、有动力？这一切能将兴趣这两个字放在了首位。

"兴趣是最好的老师"。这是当下最为盛行的一句话，却难让老师们懂得为什么。

兴趣两字从心理学的角度，应理解为欲之所想，兴趣本身就有欲望之意，有欲则有兴，有兴才生趣，趣生动力。

"趣"在事物的表现方面，是以"新、奇、特"的形式呈现的，也就是说一切事物，一切生活内容，一切教学内容、设计、方法、手段，如果没有针对性的"新、奇、特"的内容安排，学生对学习是不会有兴趣的。

教学中，对于兴趣点的设计又需要根据学生的认知思维，学科内容特点等方面进行统一设计。就像一首歌，有高潮部分，有舒缓的部分。

教学设计要学会铺垫和衔接，从已知的到半知半解的，再到未知的，这样学生的认知和学习才有兴趣。

因为自信是产生学习兴趣的原动力，没有自信学生在学习中就会产生畏缩不前、不敢越雷池一步的心理，就会把兴趣阻挡在学习动力之外。

已知的知识学习时有自信，半知的知识在已知的知识的铺垫下也会变成已知，并有可能在学习者心理产生一种冲动的欲望——探究，我们老师如果在这个时候引出的知识与前面所学有联系又未知的知识时，学生的学习兴趣就会很自然的产生。

所以兴趣不是培养的，而是引导和激发出来的。

2014年5月8日下午烟台

130

学生时代的目标

当前的教育存在的一个最大的问题是：对学生提出的目标不明确，确切的说是不准确。人生的培养，学习成绩不是最终的，学生时代的目标应该做的是规划学生的人生目标，而学习目标只是为人生目标服务的。

从当前的情况看：

幼儿园应注意的是养成教育——良好习惯养成。

基本路径为——养成习惯——培养兴趣。

小学阶段应注意的是善思教育——在良好习惯养成的同时，培养思考能力。

基本路径为——行为养成——道德构建——求异思维——求真干劲。

中学阶段应注意的是探究教育——道德品质的形成教育，拓展知识领域，养成探索求知欲望，形成正确的价值取向。

初中路径——道德行为——知识储备——探究思想——思考能力。

高中路径——人生价值取向——知识储备——鉴别批判——逻辑思维——能力提升——预设奋斗目标。

大学阶段是人生目标的定位期，更多的是对将来人生的规划，为将来人生积累储备知识和能力。

大学路径——人生价值取向——专业知识构建——创新能力和方法——目标筛选重组——职业预备。

学生时代的价值取向、知识、能力的储备，是将来一个人在工作中成功的基石，也是实现目标的条件。

工作路径——奋斗——创新——实现目标

可以看到，不同阶段学生培养的目标定位问题，是当前学校教育的大问题。

学校教育定位准确，是学生人生目标实现的关键。

2014年9月21日于烟台

131

教材　教师　学生

新课程标准中指出："音乐课程目标的设置以音乐课程价值的实现为依据。通过教学及各种生动的音乐实践活动，培养学生爱好音乐的情趣，发展音乐感受与鉴赏能力、表现能力和创造能力，提高音乐文化素养，丰富情感体验，陶冶高尚情操。"为实现上述目标，教师应深入领会新课标的基本理念，开拓思路，创新方法，以音乐为本，以育人为本，认真做好每一堂课的备课任务。

一、分析、挖掘教材的内涵，准确合理、创造性地使用教材

音乐教材内容是音乐教学的依据，是使学生获得音乐审美感受和体验的客观条件；因此，音乐教材内容的选择都是具有欣赏价值，能够唤起美感的歌曲和乐曲。音乐教师备课必须吃透教材的编写思想和意图，学会分析和利用教材，做好每一堂课的设计。

音乐教育是以审美为核心的，而音乐教材是实现音乐教学审美的基础和前提。音乐教材的审美因素包括：立意美、情景美、音韵美、曲调美、配器美、伴奏美等。一首好的歌曲或是表达孩子的心声或是一个美好的寓意，或是一种温馨的心曲，或是一个美丽的梦幻等等。好的音乐教材还能够让学生在弘扬民族音乐文化的同时，理解多元文化。如：初中教材《音乐中的诗篇》这一单元，他既给我们展示

了音乐的旋律美和意境美，又让我们了解了音乐与诗歌的关系，了解了"风、雅、颂"以及"词牌"在音乐中的含义。教师要善于发现和挖掘音乐教材的审美、文化、知识等因素，学会将自己的音乐审美体验、表现能力、学科综合能力，以及对音乐文化的理解，积极地融入对音乐教材的分析、处理之中，形成浓郁的音乐审美动力和审美渴望，为学生创设良好地课堂学习环境。

在教材的使用上，要充分利用身边的、当地的课程资源，因地制宜地把握教学领域内容标准的弹性尺度，丰富具有区域文化和民族文化特色的教学内容。

二、教学设计重点突出，量力而行、方法新颖有感染力

教学设计重点、目标要明确，能根据自身的专业特长、新课标的教育理念设定教学方法，为学生创设趣味盎然的学习环境。

教师应了解自身的音乐能力和教学水平，应善于利用自身的特点和长处，根据新课标教育理念的要求，将其融入音乐教学过程之中去；应认真研究和把握音乐基础知识和基本技能，不断提高自身的音乐教学技能，做到准确传授。在教学方法和手段上，应围绕教学重点来设计安排，教学中倡导音乐教学的完整体验，倡导完整而充分地聆听音乐作品，使学生在音乐审美过程中获得愉快的感受与体验；低年级学生应从音乐基本要素入手，通过模仿积累感性经验，为音乐表现和创造能力的进一步发展奠定基础。

音乐是一门极富创造性的艺术，教师应将创造力的培养贯穿于各个教学领域，要为学生提供开放式和趣味性的音乐学习情景，运用音乐材料即兴创造。如：七年级《电子空间站》这一单元，在条件允许的情况下给学生亲身体验的时间和实践创作的过程，引导学生进行以即兴式自由发挥为主要特点的探究与创造活动，重视发挥学生创造性

思维的探究过程。应利用集体表演等形式，培养学生良好的合作意识和在群体中的协调能力。

　　教师应全面理解和掌握音乐教学各领域的内容要求及其相互联系，并在教学中将其融合成有机整体，启发学生在积极体验的状态下，充分展开想象。应尊重学生的思想，保护和鼓励学生在音乐学习、体验中的独立见解。

三、面向全体学生、尊重学生个性，注意因材施教

　　课堂教学是学校音乐教育的主渠道，教师必须了解每位学生的特点，尽可能的利用好这些特点组织课堂教学，为全体学生提供足够的音乐学习时间、空间和条件。

　　教师备课时一定要准备好在课堂上做一名医术高超的医生。像医生那样，学会诊断和对症下药，解决课堂教学中可能出现的问题。但是，解决问题的办法、手段不可束缚学生的活动倾向和学习兴趣，相反应想办法解放学生的思想，引发学生的学习兴趣和探究欲望，培养学生的鉴赏能力和审美取向。音乐是一门极富创造性的艺术，学生的音乐表现能力和音乐鉴赏能力的差异也是客观存在的，在音乐教学中教师应将创造力的培养贯穿于各个教学领域，要启发学生创造性地进行艺术表现，同一首乐曲可能有多种理解，同一首歌曲可能有多种处理方法。因此，不要用标准答案去束缚学生，应重视学生在音乐实践中的创造过程，培养和鼓励学生的创造精神。

　　在教学过程中应建立平等互动的师生关系，对所有的学生应给与普遍的关怀和鼓励，使他们充满自信地参与到各种音乐活动中；教师作为教学的组织者和指导者，应做好沟通学生与音乐的桥梁；采用与教学内容和教学目标相适应的教学组织形式，突出学生的主体地位，创设充满音乐美感的课堂环境，便于教学过程中的师生交流。

四、突出音乐学科的特点，遵循听觉艺术的感知规律

"音乐是听觉艺术，听觉体验是学习音乐的基础"。音乐教师必须运用好音乐——听觉艺术这一学科特点，把发展学生的音乐听觉贯穿于音乐教学的全过程中，在激发学生学习音乐的兴趣的同时，让学生学会聆听，学会鉴赏。

有数据表明：不论是专门学过音乐的还是没有学过音乐的人，在他们会唱的歌曲中有80%以上是听会的，而学会的不足20%，这足以说明聆听是学习音乐的有效手段。听觉体验是学习音乐的基础，教师要利用听觉体验的方法和手段，引导学生喜爱音乐；要充分挖掘音乐作品中所蕴涵的音乐美，用自己的歌声、琴声、语言和动作，将音乐的美传达给学生，用自己对音乐的感悟激起学生的情感共鸣，引导学生喜爱音乐，加深对音乐的理解。要尊重学生的独立感受和见解，激发学生听赏音乐的兴趣，逐步养成聆听音乐的良好习惯。

通过学生对音乐感受与鉴赏、表现、创造及音乐与相关文化的学习，培养学生的审美感知，丰富审美情感，深化审美理解，有效地提高学生的音乐审美能力。

教师备课应根据不同的教学内容和教学目标，采用与之相适应的教学组织形式，创设充满音乐美感的课堂环境，为全体学生提供足够的音乐学习时间、空间和条件，以期达到以美感人、以美育人的目的。

参考书目：

1.《音乐课程标准》

2.《音乐课程标准解读》

3.人民教育出版社《义务教育音乐教材》

4.山东教育出版社《义务教育五四制音乐教材》

发表于《音乐天地》2006年3月（总第426期）

132

五四制音乐教材的特点

　　五四制中小学音乐教材的编写，由于具有独特的编写体例、目的要求和特定的读者对象。其根本出发点在于将教学材料分化为可供连续学习的知识点与基本技术元素，逐步帮助学生掌握知识建构的能力基础，并形成良好人格品质。

　　一、五四制音乐教材的学段结构

　　小学段：从学生的认知特点出发。一、二年级为小学低年级，三年级为小学中年级（过度年级），四、五年级为小学高年级。

　　初中段：六年级为预备年级（初中一年级），它不同于六三制的七年级（初中一年级）。由于六三制在初中的学习时间是三年，而五四制在初中的学习时间是四年，在小学段少了一年的学习时间，六年级就成了初中的预备年级和过度年级。

　　所以，五四学制的学段分配就是小学五年，初中四年。把小学的三年级和初中的一年级作为了过度年级。

二、五四制音乐教材在各年级的知识分布

五四制音乐教材的编写，注意不同年龄段的学习内容的衔接，在知识、情感、认知、理解等方面，针对不同年龄的特点，制定相应的教学目标和学生认知目标。

小学段：

一、二年级知识点：根据这一年龄段学生的认知特点，从知识的角度重点是音的高低、长短、强弱的单体知识认知，即一个单音中所包含的高低、长短、强弱。到了二年级是在一年级的基础上，加强了速度、力度、节拍、以及有关音乐记号的认知、了解和组合。这些知识点的强调和刻画主要是关注学生的生活认知储备和兴趣点，用相应的音乐作品让学生在记忆中释放自己的认知储备——原有的知识概念，与新的知识概念相碰撞和比较，形成新的知识概念。如：一年级第一册第一单元"有趣的声音世界"，就是利用音乐对生活中的声音的描写，让学生感受身边的声音、寻找身边的声音，发现生活中的声音的高低、强弱、长短，让学生在无意中走进音乐。

三年级：三年级作为过渡年级，是从节奏、强弱对比、音符、各种记号的简单认知和简单的乐谱视唱作为知识点来编写的，到了下半学期还增加了两个声部的合唱知识的学习和体验，这个年级学生应开始课堂用乐器的学习，这样有助于学生识谱能力的培养。由于简单的识谱能力的形成和对合唱的了解，学生很容易就会进入高一年级的学习。

四年级：四年级除了巩固前面学过的知识以外，合唱部分三个声部的演唱体验，音乐中的各种记号的再认识和所对应的情感表现深入了解，各种音乐要素的初步了解和运用，作为主要的认知目标。

五年级：五年级在四年级的基础上，加强合唱教学、识谱教学和情感表现，增多音乐欣赏内容，初步介入对音乐作品曲式、风格的分析，以及对音乐文化背景的了解。

初中段：

六年级：为了适应初中的教学环境，六年级的教材编写在内容的编排、布局形式、知识的获取方式等方面都有了相应的改变。以适应性内用为主，如：第一单元中学时代；结合地域文化和民族文化的特点，加大了对民族音乐的风格、曲式特点的认识和理解，如：第四单元神州大地、第五单元环球之旅。音乐知识的呈现程度增大，程度加深。

七年级：在六年级的基础上，增加戏曲内容和知识，加大对不同时期音乐作品、以及不同乐器的欣赏和了解。知识点趋向于音乐纵深的知识，如：调式结构，戏曲中的版式结构等知识的了解和认识。

八年级：加大音乐鉴赏力度的培养，让学生学会运用所学知识去理解和鉴别音乐作品的风格特点；使学生对音乐作品的欣赏能力，从欣赏、了解、认识，逐步走向鉴别欣赏的思维记忆之中去。

九年级：继续加大对音乐作品的鉴赏水平的培养，注意文化的多元性与音乐作品的关系，让学生学会用生活中的知识、相关文化知识等知识素材去理解和欣赏音乐，体会音乐作品的风格和内涵，继而得到心灵的感悟。

另外，学生的识谱能力，是贯穿于九年义务教育是中一项必不可少的知识技能，是学生将来进入更高的学习阶段的必要准备，是对所学音乐知识的综合运用，是学生将来进行音乐学习、音乐作品鉴赏的技能和工具，它有助于对音乐作品的欣赏、理解和鉴别，也有助于学生通过音乐了解社会生活，了解和利用相关文化，揭示人生真谛，形成良好品格。

三、五四制音乐教材的编写思路

1.注重音乐教材的知识能力。

根据不同阶段学生的年龄特点、生理特点、认知特点、知识储备量，从音乐教材的内容、形式、知识点上寻找兴趣点，创设学生学习的兴趣点和学习环境。在低年级注重学生的感觉和注意力，注意让学生在认知上形成有意义的模式识别。在高年级注意学生的有意记忆的同时——意识的，注意学生的无意记忆——无意识的，注意学生的表象记忆和长时记忆，还要注意学生的尝试性记忆。让学生学会在记忆中对信息的储备和组织。

2. 注意教材的逻辑性特点。

五四制音乐教材，注意音乐形象的完整性与学生思维逻辑的形成。如：教材的每一册都有大型的音乐活动，让学生在音乐活动中感受音乐、探索音乐、创造音乐。一年级上册"用音乐编辑故事""音乐探宝"。一年级下册"我家门前有条河"。二年级上册"森林小卫士"。二年级下册"动物联欢会""童谣说唱会"。三年级上册"小小音乐剧：蜗牛与黄鹂鸟""趣味运动会"。三年级下册"音乐情景剧：森林的故事"。四年级上册"热闹的集市"。四年级下册"小小音乐剧：东郭先生与狼"。五年级上册"古诗朗诵演唱会"。五年级下册"小小音乐剧：渔夫和金鱼的故事"。六年级上册"新年音乐会"。六年级下册"毕业晚会"等等。上述活动的开展，既培养了学生的自信心和独立探索的能力，又培养了学生间良好的合作意识和在群体活动中的协调能力、控制能力；在统一的音乐活动中，发挥了学生的特长，挖掘和展示了学生的个性。从这一层面就可充分体现教材在传授音乐知识、开展音乐实践活动等方面的逻辑性和系统性。

3. 注意学生认知的多元性——平均分布式架构认知模式。

注意学生在学习中，从一个神经元的一个知识储备，到另一个神经元的另一个知识的储备，使学生逐步形成多个神经元中的多个知识的交汇理解，和多个神经元分布记忆。如：音乐作品中多个单一的音乐知识概念的记忆与融和、生活经验和知识与音乐的关系、相关文化与音乐的关系等的记忆和理解。如果这样的两个神经元被同时激活，它们之间的联系就会增强；俗话说的触类旁通和综合能力，就会得到提高和加强。反之，如果其中一个被激活，另一个被抑制，联系就会减弱，个人能力也会减弱。例如：为诗歌配乐，为一幅画设计音乐，在欣赏某首乐曲时了解乐曲诞生地的地理、历史、风土人情等，这不仅可以帮助学生更好地理解音乐，也拓展了学生的视野、丰富了学生的人文素养。再如：《五十六朵花》这一单元的名称，从一年级一直延伸到六年级，使学生从小就受到各民族音乐文化的熏陶。另外，教材中外国音乐作品几乎遍及五大洲，南美、非洲、东南亚等一些地区的音乐作品，这就能帮助学生扩大音乐文化视野，能够理解和尊重不同国家和地区的文化，树立平等的多元文化价值观。这些都是对学生个体中的一个个神经元的开发和利用，也是本教材的教育目标。

音乐教材中的知识点既包含音乐学科基本理论的知识点，也包含许多人文学科共有的一些知识特征。音乐教材中的技术元素既包含音乐表现的技能，也包含音乐认知与理解的技能，更重要的是它还包含情感共鸣与创作的技能。音乐教材的编写就是要将存在于音乐整体中的这些知识与技能合乎逻辑地先分解开来，然后再通过长达几年（对义务教育来说是九年）的训练，使学生在认知上，通过一个个神经元对一个个音乐知识的储备，逐步建立起对音乐的整体观念；并通过对其他学科的学习，形成不同的神经元对不同知识储备，以致形成知识的综合化，提高理解生活和解决问题的能力，形成健全的人格。

发表于《音乐天地》2017年4月（总第658期）

133

一个中心四个结合两个渗透的立体化

小学音乐教学实践与探索

音乐教育是实施美育的重要途径。音乐审美教育是指在音乐教育中，通过广泛的音乐审美实践活动（如欣赏音乐，演奏演唱音乐中优美的歌曲和乐曲，在音乐中跳舞、游戏等），使受教育者得到直接而具体的美感体验，进而对真假、美丑进行审美判断，在潜移默化中受到感化、陶冶和锻炼。

这项教学实验就是：以审美教育为中心，以教师的主导与学生的主体相结合、器乐教学与声乐教学相结合、双基教学（音乐基础知识和音乐基本技能教学）与游戏活动相结合、音乐学科知识与其它学科知识相结合，渗透合唱教学和欣赏教学。即："一个中心、四个结合、两个渗透"的立体化小学音乐课堂教学实验。就是把音乐这个客体与学生这个学习的主体在感情上逐步沟通与融合，形成"你中有我，我中有你"的境界。通过这种立体化的审美教育，培养美的心灵，启迪智慧，陶冶情操，使学生的感受能力、鉴赏能力、表现能力和创造能力得到提高，进而造就全面发展的人才。

一、一个中心

"一个中心"即以审美教育的中心。就是在小学音乐课堂教学中，把音乐审美置于教学内容的核心位置，并且作为音乐教学活动的中心主题，贯穿在小学音乐课堂教学的始终。贺绿订老先生说："音乐是人民的思想感情的直接流露，好的音乐之所以能感人，也就是因为它有真实的感情。"因此，培养学生体验、理解音乐的美，进而引起他们的联想与想象，理解和享受音乐的形式美、情感美、内容美，这是音乐教学的重要目标和重要内容，是音乐教学的中心任务。怎样在音乐教学工作中贯穿以审美教育为核心的指导思想，并达到整堂课对美的体现、美育的目的。

首先，在唱歌、节奏练习、视唱、器乐演奏、欣赏、创作等一切音乐教学领域，全方位地坚持以审美教育为中心的指导思想，即无论在哪一个教学环节、教学进程、教学内容，及教学中游戏、练习的安排，都必须把审美教育这个中心任务贯穿到整个课堂教学中去。

如：小学二年级《过新年》这一课，学生在进课堂时，教师让学生在2／4拍的新授课《过新年》的音乐声中拍手进入教室，让学生对《过新年》旋律有个初步的了解，进入教室后，与前一首歌曲连起来再放一首《新年好》（发声练习），当音乐的气氛和氛围表现的明朗化后，删掉师生相互问好这一环节，让学生在音乐声中直接进入投课内容。这种做法打破以往的教学模式，如果音乐课开始时音乐美的氛围形成了，就删掉师生问好这一环节，保持音乐美的完整性，让小学音乐整堂课像音乐作品一样体现整体美。

其次，要处理好双基教学与音乐审美之间的关系。李岚清说：艺术教育不是技术教育，是审美教育。也就是说音乐审美是主导性的，双基是从属性的；双基是为音乐审美目标服务的。这并不是说否定双基的重要性，恰恰相反，它肯定了双基在审美教育中的作用。如：五年级《我向党来唱支歌》这一课，因为歌曲有2／4拍与3／4拍的交替出现，为使学生唱好2／4与3／4拍的交替乐句，教师用6～8位同学到讲台前，做向左走两步，再后转向右走三步，再向后转向左走两步，如此反复，当学生游戏中出现碰撞现象时，提醒学生不要撞车，再引入2／4与3／4拍节奏的对比，进而延伸到歌曲中2／4和3／4拍的演唱，在解决知识的同时，也解决了歌曲演唱情感的准确度，竖笛教学用于声乐教学也是如此。

所以知识的掌握是学生对歌曲情感、美感的理解和完整表达的关键。如果不解决学生对双基的掌握问题，没有了双基的辅助作用，很难使学生获得并提高音乐审美能力。

三是在端正教学指导思想的同时，加强教学方法的研究。常言道："教学有法，而无定法，贵在得法"。如前而提到的2／4与3／4拍交替出现的演唱训练方法。再如：二年级《过新年》一课中，为将歌曲中民族打击乐的鼓点节奏让学生学会、弄懂、并记住其特点，教师先准备好民族打击乐（堂鼓、镍锣），在暗处敲击让学生辨别是什么乐器，引起学生的兴趣后，再将民族打击乐的基本节奏，及歌曲中的节奏教给学生，让学生便唱便敲节奏，找出几位同学用堂鼓、镲、锣为歌曲伴奏。这种方法的运用非常好，学生在不知不觉中认识了民族打击乐器和民族打击乐节奏特点，并掌握和学会了民族打击乐节奏的演奏方法，正确理解和演唱《过新年》这首歌曲的情绪。运用灵活的教学方法，如律动、游戏等活动方法和手段，启发引导学生自觉进入美的境界，达到音乐审美教育的作用。

以上三个方面实质上是对四个结合两个渗透，在课堂教学中以审美教育为中心，运用的各种手段和方法的概括，和从另一个角度的阐述。但是，不管运用什么手段和方法，音乐课堂教学的主线和核心必须也永远是审美，即"以审美为中心"。

二、四个结合

"四个结合"。音乐课中的主线和中心是审美，如何围绕审美这个中心上好音乐课，充分体现音乐课的审美特性，如何创造一种美好的音乐氛围，使学生自然而然、潜移默化地接受音乐的洗礼。采取什么方式让学生主动地参与到音乐世界中，感受音乐之美和表现音乐之美，这是摆在我们面前的一个首要问题。在这项实验课中，我们就这个问题提出：在以审美为中心的音乐教学中，搞好四个结合，即教师主导与学生主体相结合，器乐教学与声乐教学相结合，双基教学与游戏活动相结合，音乐学科知识与其它学科知识相结合。

（一）教师的主导与学生的主体相结合

在课堂教学中，教师一定要摆正自己的位置，明确自己的任务，处理好课堂教学中教师的"导"与学生的"学"的关系。教师是导的主体，学生是学的主体，教师是以启发、引导学生学习为主的，不是生硬的灌述，音乐就像浩瀚的大海，音乐教师只是一个"引路人"，我们教师的任务是，在有限的课时里，引导学生在音乐的大海中遨游，体会"大海"的宽广、壮阔、绚丽多彩，从而迸发出强烈的求知欲，去探索、领略它的风采。

教师在音乐课上，必须从调动听（音乐欣赏与听教师的范唱）、唱（学生有组织的演唱）、奏（教师与学生的乐器演奏），动（律动、游戏）等各种手段入手，开展教学活动，引导学生感受并把握音乐中各个要素（节奏、旋律、和声、音色等）以及总体的音乐美。如：四年级"如今家乡山连山"一课中教师为解决二声部演唱的音准及和弦音的协和，让学生用竖笛吹奏（视奏）低声部 3 3 3 3 | 1 3 1 |……，再吹奏高声部 6 6 6 6 | 6 3 3 |……。再用一部分同学吹旋律，一部分同学跟着竖笛的演奏演唱歌曲，这样相互交换，音准解决了，和弦音的协和感体会到了，同时引发了学生的学习兴趣，增强学生在学习中

的自我参与意识，再如三年级《小骑兵之歌》一课，学习《小骑兵之歌》前，教师将图片展示与教师范唱、讲故事结合在一起，引起学生的兴趣，把对故事内容、音乐作品美感结合在一起，在学生跃跃欲试的心里出现后导入新课。这样的方法，对引发兴趣、启迪智慧有着很好的作用。

由此可见只有教师的"导"与学生的"学"相结合，用提问和游戏等方法引发学生的学习兴趣，才能使学生在自我参与学习中，自觉学习、亲自体验音乐美，鉴赏音乐美。音乐课就是要把引发学生学习音乐的兴趣放在首位，把学生自我参与、自我实践、自我感受放在首位，老师永远是一个"导"的作用，学生永远是学习的"主体"，两者相互作用，相互依存、相互融合，恰到好处地处理好、运用好、安排好课堂教学。教师的"主导"与学生的"主体"的关系，是音乐课教学成败关键之一。

（二）器乐教学与声乐教学相结合

在音乐课堂教学中，器乐教学（竖笛、口琴等）是学生参与艺术实践活动的一个重要途径，声乐教学也是学生参与艺术实践活动的个重要途径，两者的显著特点是：学生自我参与艺术实践活动。

以往的声乐教学是教师教一句，学生唱一句，有时教师为解决某句难点，丢掉琴教学生演唱，结果是音准不好，节奏不好、学生视唱能力差。器乐教学与声乐教学的结合，运用了器乐（竖笛和口琴）视奏识谱的方法，使学生自觉的进入到识谱学习中去，旋律的视唱解决了，学习演唱歌曲就迎刃而解了。如：在一些简单的歌谱教学中，让一半学生直接视奏曲谱，一半学生视唱，然后对换进行，这样从理性上巩固了基本乐理上讲述的音乐记号知识，又从感性上进一步感受了各种音乐记号的音响效果。有许多学生视唱新的曲谱不易唱准音高，有少数嗓音条件差的学生干脆不唱，而当他们听到自己用乐器吹奏出的歌曲旋律时，自信心也会随之增强。

能全面地发挥学具作用的乐器是竖笛等吹奏乐器，它除了可吹奏歌曲，为歌曲件奏外，还体现在帮助学生进行气息训练，解决二部合唱等方面的作用。如果学生在歌唱中找不到气息的控制要领，可让学生在吹坚笛中去感受胸腹的作用，如：吹奏中音时用气平和；吹奏低音时用气舒缓；吹奏高音时气要沉、口劲加强；吹奏跳音时，用气急促口风要灵巧，即口风口劲都是随着音的高低而增大减小的，这和歌唱时用气的方向基本是一致的。

再如：二声部合唱教学中的难点是学生难以控制低声的音准，原因是学生缺少二部合唱的内心音准均衡感。如果教学中借助器乐先分别让学生学会奏出各声部的曲谱，然后合起来吹奏，让学生感受二声部的和声效果，再轻声合唱二声部旋律，这将缩短学生二部音准训练的时间，减轻学生的心理负担；这样既培养了学生的音准感，又提高了视谱的能力。

这样的练习，可借助柯达伊手势进行教学，由浅入深，先从音程连接开始，再到和弦连接，逐步过渡到二部合唱；还可以让学生分组吹奏出伴奏音型，为歌曲进行伴奏，增加歌曲的色彩。在二部合唱教学中采取听听、唱唱、奏奏交替进行的办法，可以使处于变声期的学生嗓音得到保护，还可使歌唱基础差的学生扬长避短，有更多的机会参与艺术实践活动。

器乐教学是音乐课堂教学的辅助手段，器乐教学的本质不是学习器乐，而是通过乐器来进行教育，不是通过教育学习乐器。诸如竖笛、口琴等课堂中使用的乐器，都是课堂教学中的学习工具。器乐教学在整个音乐教学中的作用，有其自身的规律和特点，如何把器乐教学与声乐教学融为一体，相辅相成，并围绕审美这个中心，与其它几项的结合和渗透构成一个音乐教学的立体的完整体系，是音乐课堂教学成功的保证。

（三）双基教学与游戏活动相结合

在音乐教学中，双基教学的内容一般是比较枯燥乏味的，如果不能用恰当的方式方法来进行教学，势必会给师生带来很大的教学负担。如果在课堂上利用某种手段和方法，让学生在音乐活动、音乐游戏中进行双基学习会获得很好效果。

如：用1234567个音符，戴上七个头饰，请七个学生到前排站好，戴上头饰，老师弹琴座位上的同学听到琴声后，对照前排七位同学的头饰，指出是哪个音符，或让前排头饰的七位学生听到琴声与自己的头饰相同站出来，并请座位上的同学指正，同时让学生自己调动前排戴头饰的七位同学，自己创编两小节简短的旋律，并集体试唱，指出不足加以修正，使之完美动听。

这种方法，既解决了音符学习问题，又调动了学生学习和创造的积极性。这种方法可以用于低年级的音程听唱练习和乐句创编练习。再如：四年级《如今家乡山连山》一课中，6 6 66 | 63 3 | 55 55 | 52 2 | 一句，为解决"哈"字跳动、轻快、高兴的演唱方法，让学生双手放在肚子上，放声"哈哈"大笑，自我体会气息在腹部的作用，再让学生用这种感觉演唱，气息的问题解决了。这种讲解不是枯燥的讲气息的深度和支点等理论知识，而是学生自我的亲身体会。

让学生始终在音乐游戏中活动学习，学生的学习没有负担，课堂气氛就会高涨，学生就会积极参与，就会既轻松又有效地完成教学任务。这就是双基教学和游戏活动相结合的关键所在，这种类似的活动和教学方法，教师可以根据自己的特点，根据学生的实际情况，动脑筋想办法，创出更多更好的音乐游戏，使学生在轻松、愉快的环境中学习和掌握知识。

（四）音乐学科知识与其它学科知识相合

小学音乐课堂教学中，各学科知识的穿插、讲授，互为体现也是非常重要的。歌曲中的歌词与语文中诗歌的情感、节律的关系；音乐中的音程、音的时值长短与数学中的知识也有相通之处；音乐中对美的描述，又是与美术的画面描绘分不开；歌曲歌词中的自然知识又与自然课知识紧相连。

如：《大树桩你几岁了》这首歌，将树一圆圈的年轮展现给学生让学生思考探求，学生既学会了歌曲，又掌握了自然知识。音乐课中，把其它学科知识与音乐知识结合起来讲授，不但会引起学生学习的兴趣，还会巩圆和加深学生对音乐知识，及其它学科知识的理解和认识。

如：幻灯片的运用，是美术学科与音乐学科相结合的典型例子，两者在表现同一个歌曲内容时，一个用的是视觉艺术的特点——静的彩色画面表述，一个用的是听觉艺术的特点——动的旋律"画面"表述，两者的表现手法不同，但表达的内容是一致的。

这样的结合在教学中运用使学生从视觉到听觉都得到了艺术的直接感受。再如：音乐中的重音记号">"，与数学中的大于号">"由于学科的不同，虽然形同，但表达意思却完全不同，用数学的大于号">"引路，引起学生的兴趣，自我探求音乐中">"记号的名称和作用，这样不但加深了数学中大于号的印象，又在自发的求知欲中认识了重音记号。

诸如此类音乐学科知识与其它学科知识的结合，在各科知识的对比、交叉、重复、补充中丰富了课堂内容，巩固了所学知识。并在相互补充，相互重复、相互对比中，用游戏活动等教学手段，达到了记忆深刻、认识清楚的目的。

三、两个渗透

两个渗透即：在小学音乐课堂教学中，自始至终渗透欣赏教学和合唱教学。

欣赏教学是教师引导学生欣赏音乐、欣赏美的过程。音乐欣赏本身就是对音乐美的体验和感受过程，是人对音乐旋律等诸音乐要素的理解、认识、掌握过程。

欣赏教学在音乐课中的渗透，首要一点是音乐学科特点所决定的。音乐是听觉艺术，音乐学科的主要教学内容是理解和学习音乐作品及作品中诸音乐要素的情感表现作用；音乐作品是供人欣赏的，音乐作品是一个完整的表现美、表达美的作品，一节音乐课也应是一个完整的音乐作品。从音乐课一开始，师生已共同进入了欣赏音乐、欣赏美的氛围之中，无论是听录音、听教师范唱，或学生自己唱，自己吹奏等，都是在欣赏音乐、感受音乐、表现音乐。这也要求我们教师的教学，在注意音乐的乐句美、乐段美、音色美、和声美等方面的同时，注意音乐美的完整性，注意音乐课的完整性和艺术性。在课堂教学中每个环节都渗着美，每个游戏活动都体现着美。

如：《我向党来唱支歌》一课，一开始就让学生静静地听音乐、欣赏音乐，复习歌曲、发声练习、教师范唱、学生演唱等都是欣赏美和表现美的过程。自己唱是自我欣赏和表现音乐的过程，听教师范唱是欣赏和感受音乐美的过程，在欣赏、感受、表现音乐的过程中，集中的焦点就是一个字——美。

也就是说是欣赏教学，欣赏美的过程贯穿和渗透在音乐课的每个角落，每个环节，每个游戏，每个教学手段、方法和音乐课教学的始终。音乐课没有了欣赏教学，没有了欣赏美的过程，也就没有了欣赏的价值，这堂课也不能称之为音乐课。

合唱教学是一项集体的有组织、有规律、有统一目的和方向的活动。合唱不同于独唱有其独特的特点，提倡发挥自己的声音特点，合唱要求每个人都必须抹掉自己的声音特点和个性，寻求与众人一致的共性的声音，以达到完整性、协和性和统一性。如：在交响乐的演奏中，小提琴手必须步调一致，就揉线频率而言，如果不统一就会造成声音的不协和。

音乐课是集体学习音乐、演唱歌曲的过程，如何使全班同学在声音上协和、统一是非常重要的。合唱教学中用轻声（用气息的支点，以情感表达为内容的，波浪声音少）演唱的方法，使声音在演唱中有一个凝聚力，即和谐统一、混元一体的凝聚和共振。用轻声演唱也是一个自我欣赏的过程，而大声喊唱永远得不到自我欣赏的体验，永远只是发泄。音乐课中的教与学是协和的，游戏与活动是轻松愉快的，学习知识是兴趣万状的，演唱歌曲是情感投入的。音乐课教学，是学生在教师的启发引导下，自我欣赏、体验和感受，表现音乐美的过程，声音不美就无法表现音乐，感受音乐。

所以，合唱教学必须在整堂音乐课中渗透，使学生运用正确的、美的声音，在亲自参与演唱和自我体验中，在音乐课中把音乐作品的整体美，音乐的协和美、节奏美等音乐诸要素的美表现出来。

四、立体化教学过程

音乐课不但是一部完整的音乐作品，而且是让学生和教师在音乐中创造美、欣赏美、学习美、鉴赏美、传授美的全方位、立体化的教与学过程。

教师的主导与学生的主体的结合，是从教学过程中纵的方面来分析的，这是教学改革中的关键，这一结合在其它三个结合中完全渗透着，而它本身也贯穿着美，目标是审美，同时，也在自身中渗透着欣赏教学和合唱教学（如图1）。

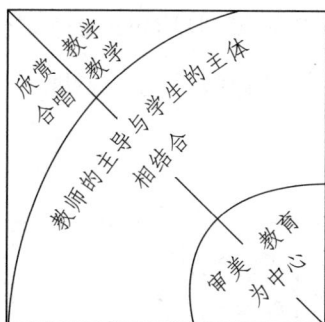

（图1）

双基教学和游戏活动的结合，是从教学过程中横的方面来分析的。它是利用教师的"导"与学生的"学"的关系，在教学方法和手段上入手，变枯燥的讲述为在教师的引导、启发下，学生自觉参与学习，在轻松、愉快的环境中接受知识。游戏活动的开展，与双基知识的教学，目标也是审美，而游戏活动中又要处处渗透着合唱教学和欣赏教学，形成一个课堂中局部的立体化现象（如图2）。

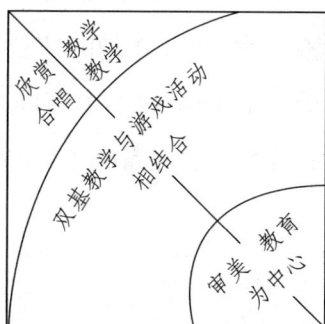

（图2）

器乐教学和声乐教学的结合，是从教学过程中纵的方面来分析的，乐器（竖笛和口琴）作为音乐课教学的学具，贯穿在课堂教学过程始终，而声乐教学作为小学音乐课教学的特点、渗透在课堂教学的每个角落；两者在教师的"导"与学生的"学"的结合中，发挥着各自的特点和作用，同时在两者的结合中渗透着合唱教学和欣赏教学，学生既感受、体验了美，又自我参与、表现了美，目标还是审美（如图3）。

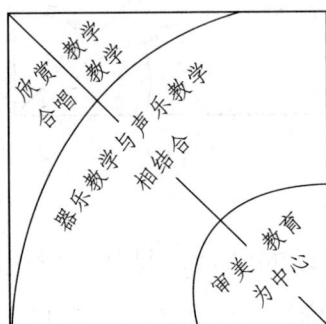

（图3）

音乐学科知识与其它学科知识的结合，是从教学中横的方面来分析的，音乐学科知识中包含有很多各学科知识，各学科知识在音乐学科知识的每一处都渗透着、联系着；它是在双基教学和游戏活动中渗透着，是在歌唱教学中渗透着；是在教师的"教"与学生的"学"中渗透着；而它由于是音乐教学过程中的一个方面，自身又完全渗透着欣赏教学和合唱教学，欣赏着美、表现着美（如4）。

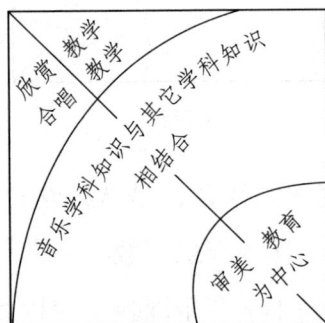

（图4）

立体化教学就是围绕审美教育为中心这个主线，把教师主导与学生主体、器乐教学与声乐教学、双基教学与游戏活动、音乐学科知识与其它学科知识这四个方面，在相互联系、相互渗透、相互依存、相互融合、相互辅助的教学过程中，以欣赏美、表现美为中心，贯穿在课堂教学过程中的每个角落、每个环节，并自始至终渗透欣赏教学和合唱教学，这就是"一个中心，四个结合、两个渗透"的立体化教学（图5）。

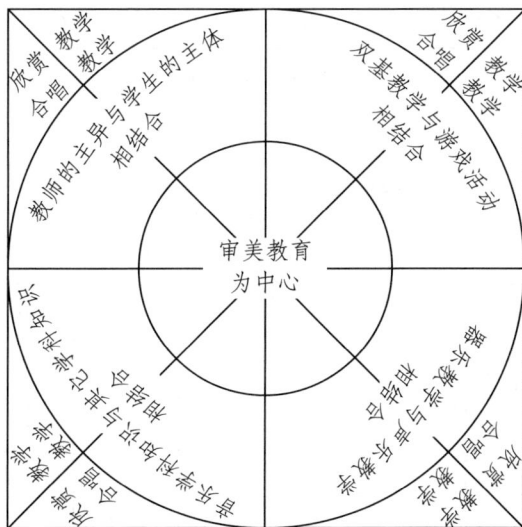

（图5）

在"一个中心，四个结合，两个渗透"的立体化课堂教学过程中，利用的是各种适合课堂教学和学生年龄点的活动、游戏、手段和方法，去引导学生这个学习的主体，把"一个中心"贯穿进去，把"四个结合"围绕着"一个中心"相互补充、相互联系、相互结合起来，把"两个渗透"在这个立体的内交叉教学过程中，渗透在"四个结合"之中，托举起"一个中心"。（如图6）

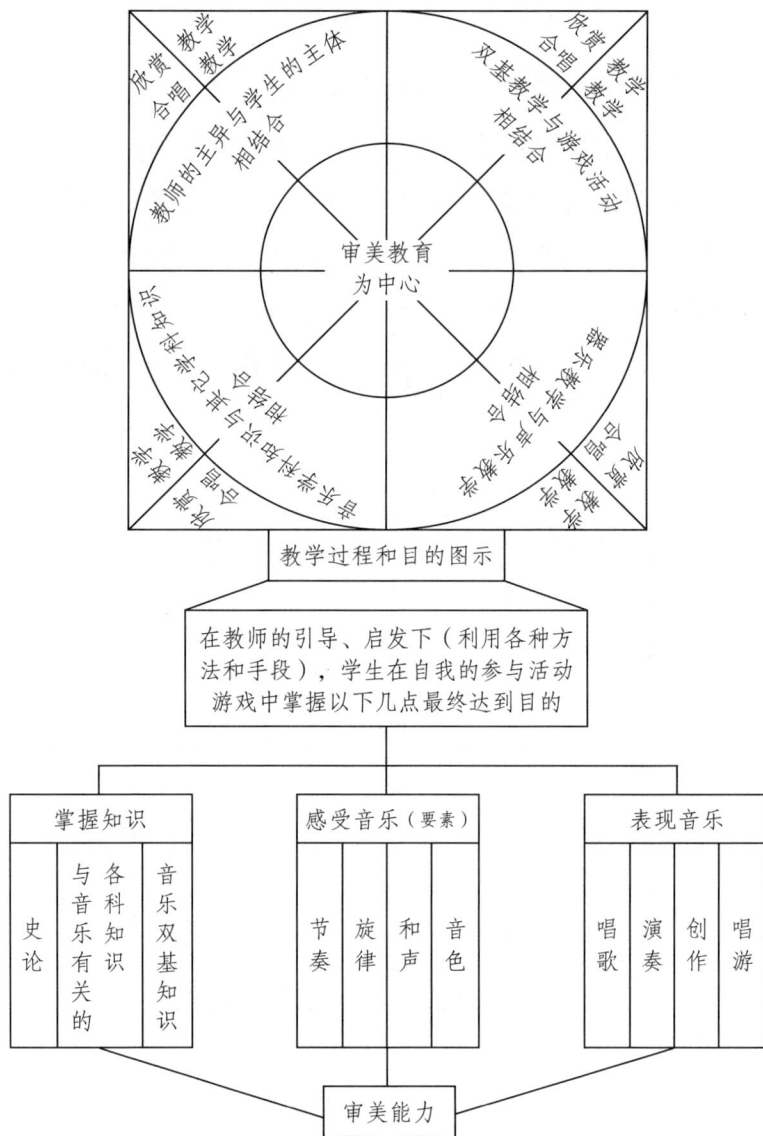

（图6）

　　综上所述，这项小学音乐课的改革就是以审美教育为中心、在"四个结合，两个渗透"的立体化教学过程中，灵活运用教学方法，使学生在愉快轻松的学习环境里，自我参与学习活动中，自觉进入学习状态，在音乐的殿堂中，掌握知识、感受音乐、表现音乐，达到欣赏美、鉴赏美的能力。

发表于《山东教育报》1997年2月3日第5期第3版

134

懂得适时把自己清零

很多时候，阻挡我们前进的往往不是缺陷，而是经验。

工作中，产生争论的时候，特别是刚入职几年的年轻人与干了十几、二十几年的"老同志"争论时，经常会听到"老同志"说：我走过的路比你吃的盐还多。

经验是与教训相伴，工作中有经验、根据经验做事，会少出问题，会使工作任务完成的圆满。

但过于重视经验，会使工作变的程式化，很难在工作中有突破。

经验是做过的事情的总结，经验是历史，过去的历史是用来借鉴的，不是照搬、强调经验、倚老卖老，不重视经验是得不到发展的。

社会从来就没有停止过发展的脚步，社会的发展是人类不断追求理想的结果。

那些有追求的人，从不"留恋"自己的经验。

有一次去昆明参加全国的音乐教学研讨会，有幸与《春天的故事》《长大后我就成了你》的曲作者、著名作曲家王佑贵先生同室交流。

当谈到作曲，王佑贵先生说："作曲不一定要从歌词首句寻找动机和灵感，不要循规蹈矩，要从情感入手。

又说，我作《长大后我就成了你》这首歌曲时，在家里读了一个月的歌词，读的都快吐了，也没有找到灵感，于是就放下了。过了一段时间，脑海突然出现了"长大后"三个字的旋律，这三个字的旋律又唱了一个周。一周后，延续到了"我就成了你"；完成了"长大后我就成了你"这一句后，再重复"我就成了你"，才引出了歌曲开首句"小时候……"的旋律。"

音乐是情感的艺术，表情达意是歌曲创作的首要任务。

教科书式的作曲，是程式，是经验的理论化归纳，是无情的。

作曲应随情而变，随歌词所提供的意境而动，用教科书的方法没有错，但无法找到准确的、能够让听者感动的旋律。

还有一个从网上看到的故事。

故事说的是一个"小说改稿会"。

在一次小小说改稿会中，改稿会请了名刊有名的编辑老师来做评委。

点评的时候，评委老师提到一份署名为"张三"的稿件，大家都面面相觑，都不知道"张三"是谁。

点评完了之后，作协最德高望重的材叔出来领走了这份稿件。

他说，怕评委老师顾及他的面子，不敢"下狠手"点评，所以用了一个假的笔名。但他却真心希望以一个无名小作者的身份，得到老师最犀利的指点。

越有能力、有水平的人，越谦虚、越希望不断找出自己的缺点和需要改进的地方，这是人类进步、社会进步的源泉和基石。

世面见得越少，越容易自高自大。

如果内心修为不够，做出点成绩就开始目中无人，就把它作为经验固守、宣传，生怕别人不知道自己的成绩。这样的人接受不了别人对自己的否定。

而那些眼界开阔的人，由于谦恭的态度、求知发展的行为，很容易发现自己的不足。

真正的智者、大家、工作成绩突出的人，即使是面对后起之辈，他们也能发现值得学习的东西。

空杯才可盛满水，有空间才有能力吸纳和储存。

学而知不足，知不足，而更好学。才是求知的最高境界。

常怀空杯心态，懂得适时把自己清零，才是人生发展的大智慧。

2018年11月21日于烟台

135

教育是人与人之间的情感交流过程

情感态度价值观，这一教学目标的创设，是课堂教学情境创设的关键。只有理解了每堂课的情感世界、人生价值目标，并设计出有效的教学过程和方法，才能引起学生的共鸣。

有了情感，就可能产生意向；有了意向，就可能产生欲望；有了欲望，就可能产生思变；有了思变，就可能有创新；有了创新就会形成能力。

正所谓交流情为先，兴趣情激发。能力的形成是情感推动的，无情万事休。

教育理念是对教师职业、学科教学、学生学习的理解和指导，不是在教学设计和课堂上用语言做表面文章；只有在教育理念的指导下，从教材、学生行为和学生认知特点的认识和深刻理解中，真正使学生从知识到能力得到丰富和提升，才能体现和达到教育的根本目的。

课堂教学过程更多需要的是感性化的思维分析和交流，心与心的沟通是感性大于理性的交流过程。

备课与上课是两个概念，备课时要注意理性的思考、分析，理性的设计教学语言、问题的提出、教学方法、教学过程、教学目标等内容；上课时应注重感性的表现、表达和处理课堂中出现的问题。

即备课时重理性，上课时重感性。

教师备课，应把感性思维进行理性化的梳理，组织和构成理性思维的条理化教学过程；在课堂教学中应注意在理性思维构成的备课内容——教案的指导下，用感性的行为在课堂教学中进行操作和发展，这样才有可能让学生有学习的兴趣，有求知的欲望。

思维的启动需要留白。教师授课与中国画的绘画一样，应学会和注意留白。留白是遐想的基本条件，留白就是留出时间让学生去想、去思考；没有了留白，就没有了遐想，就没有了创新。

教育是人与人之间的情感交流过程，做好教师与学生心与心的沟通、情与情的交流、爱与爱的相融至关重要；老师对学生的关爱和理解，学生对老师的敬爱和尊重，是教学过程顺利进行的保障，是实现教学目标的关键。

路，通则畅。人与人情的交流就是沟通，就是相互理解，就是爱。

有爱的教育才是真正的教育。

2015年3月9日于烟台

136

音乐要素构成音乐形象

课堂上解决问题，要比传授知识、寻找正确答案更重要。

在课堂教学中，学生学习知识要靠教师的提示和揭示。因此，教师对教材、对音乐作品的深层理解非常关键，如果只是在直观思维现象中解读音乐作品的话，就缺少了学生求异思维的发展。

音乐要素的细小变化影响着音乐作品的风格特点。如：歌曲《法国号》，三拍子的节拍中以"5"为起音放在强拍位置，又接着"33"两个弱拍位置，用低音"5"本身就是对强拍的强化，再加上与弱拍"33"的音程距离，以及和弦音程的结构特点，更加强化了强拍的力度和印象，强化了三拍子的强弱特点。

再如：歌曲《内依巴河》也是三拍子，在节拍的利用上以休止符为语言工具来表情达意。强拍为四分休止符，弱拍是八分音符的同音进行，这样就更强调了歌曲的弱起和弱拍的位置感，正因为这的变化被成为焦点，改变了歌曲的强弱规律，使之有了自己的风格。

同是三拍子，却有了不同的风格，这就是音乐要素变化的作用。

不同地域的音乐在表现同一主题时，如奥运主题的音乐作品由于受到本地区的文化、政治、经济、习俗等方面的影响，以及所要表达的情感和要达到的目标不同，其音乐作品的结构、风格特点都有所不同，相同的是都在利用这一活动主题表情达意。

通俗音乐从某种意义上讲，它具有可读、易懂、刺激、直白的特点；它更多的是艺术形式的从众性、艺术形象的超现实性、新思维的感悟性表现。

对于音乐形象的揭示，不要过多地用历史背景、地域文化、风土人情等方面的内容去解释，讲多了就不是音乐课，而是历史课、地理课；对于音乐作品的解读，应注意用音乐解释音乐，用音乐语言、音乐要素揭示音乐形象。不要喧宾夺主，不要忘了你上的是音乐课，不是历史课，或什么其他的课。

音乐形象是用音乐要素构建起来的，如果只是形象的描述和故事情节的讲解，而不讲音乐要素构成音乐形象的作用，就无法更好的揭示音乐形象。

情的抒发是音乐作品创作永恒的主题，合适的音乐语言、音乐要素的运用，才会适合音乐作品对情的抒发。

所以，音乐要素构成音乐形象。揭示音乐要素在音乐作品中的作用，才是揭示和读懂音乐的根本。

2017年4月于烟台

137

学会用心传递知识

课堂教学不是学生帮老师完成教学任务，而是老师帮学生完成学习任务。

教师备课，不要在教学环节创新上下功夫，教学环节的设计应从怎样能让学生学会弄懂、记住、发展上下功夫。

学生思维的启动，是课堂教学的主要任务，是培养观察、分析和解决问题的能力。教科书中的知识传授，只是启动学生思维的工具和平台。在教师的提问中，知其是什么，只是认知，这样的教学不会让学生的思维动起来；究其为什么，才有可能引发学生的思考。

教师备课时，要学会教学方法的大量储备。

教学方法的有效是第一位的。课堂教学中，教学方法是需要时用，不需要时弃。每节课教学方法的运用，是根据教学内容的需要、学生情况的变化来使用的，不是为展示而展示。如果只是为了展示，这样的教学方法"再好"，也没有实用的价值。

注意教学过程中学生的心理变化，根据学生的变化，调整和使用适合的教学方法。无用的方法不用，无效的方法不用；无意义的语言不说，不激趣的语言少说。注意学生的第一感受，利用好学生对本堂课某个教学环节、学习内容等方面的一见钟情式的心理反应展开教学。

课的设计不要贪多、图大，要注意寻找本堂课贯穿始终的点——目标，不要面面俱到，要学会以点带面。

不是讲多了就有深度，而是讲透彻了才有深度；不是讲多了就知识渊博，有见解的讲授才能体现知识渊博。

教学中，每个教学环节的目标，都应注意完成到位，不可走马观花；要一步一个脚印的完成每个教学环节的教学目标，这样才有可能完成课堂教学的总目标。

学生明白的不讲，学生不明白的深讲。一句话能讲明白的，不讲两句话；一个方法可以解决的问题，不要重复去做。教师教学语言的节奏感是吸引学生的有效手段。

音乐是心灵的语言，应用心去体会音乐。用心去传递音乐。

课堂教学是教师和学生心与心沟通、交流的过程。教师要学会用心传递知识。

2015年3月优质课评选有感

138

美的观察

观察力的形成是以好奇心为条件的，关注一切细小的生活过程，是观察能力形成的条件。

奢华是对"美"无度追求的结果，做任何事情都应有"度"，无"度"则乱，超"度"则奢。

美，具有使人向往和追求的潜在能量，这种能量是每个人所固有的一种潜意识和心理倾向。追求"美"的品级程度，是由人的生活品位、文化水平、经济状况等诸方面条件决定的。

艺术是由于美和不同而存在，是在不同的艺术创作中体现着美的意和情。艺术作品之美不同于人们所认为的现实现象，艺术作品是在赢得了大多数人的认可和赞美中才产生了"美"。

美术课的总目标是发现美、欣赏美、表现美、创造美，脱离了美就不能达到提高学生的审美能力的教学目标。一切的教学活动都是为了培养学生的对美的兴趣、美的观察、美的体验、美的表现、美的创造能力，提升的是学生的审美能力。教学中的一点一滴都应注意对美的诠释；知识技能的学习是为了更好地理解美、表现美、创造美，目标是"美"。

课堂上，教师的示范应注意美感的启示，教师是传递美的使者，如果我们只注意技法的传授，忽略了美的呈现、美的启示，美术课程上的示范就失去了意义。

　　发现身边的美、了解身边的美、探究身边的美，运用身边的美在无缝的影响和带动过程中，让学生关注身边的美、学会发现身边的美、探究和利用身边的美是学校美术教育的任务。农村学校更应注意发现和利用身边的美，培养学生对美术课程的学习兴趣，让学生真正获得一双发现美的眼睛，表现美的心灵。

　　美，是一种认可，也是一种存在。艺术作品只有得到"美"的共鸣才有存在的价值。

　　　　　　　　　　　　2015年3月听美术优质课有感

139

教学中的"三七开"

教学中的备课，分两大部分，一部分是对讲授知识内容的梳理、整合、归类形成合理的教学结构，即结构性备课；一部分是对课堂教学构成中出现的问题、知识内容的讲解和学生随堂的接受等情况的预设准备，即预设性备课。

教师备课中的思考和准备，结构性备课与预设性备课的比例应做到3比7。

结构性备课内容，讲什么内容、先讲什么、后讲什么，准备的是所要讲授的知识内容，应占30%。

预设性备课内容是课堂教学过程中出现问题、解决问题的准备和预设，预设学生在知识学习中可能出现的问题和解决问题的方法是重点，也是上好课的关键，应占70%。

在教学过程中，教师的讲授与学生的学习，也应做到三七开。

课堂教学中教师是主导，教师的知识讲解和解决问题方法的传授，体现的是教师在课堂教学中的"主导"作用，课堂教学时间的占有量应为30%。

学生是学习的主体，课堂教学过程中实现的是学生学会弄懂，更多的时间应该让学生在学习过程中亲身体验，在活动过程中主动思考，真正体现学生是学习的"主体"，课堂学习时间的占有量应为70%。

在教学设计上，整理、安排知识内容的占有量应为30%；教学方法、教学手段的安排与设计等内容的占有量，应为70%。

教师上课不是让学生去配合、适应，而是教师去配合学生、适应学生，根据学生的学习状态因时、因事、因情、因人施教并且根据学生在知识学习的过程中出现的问题和情况，及时纠正或提升。

教师的"主导"是疏导，不是说教、告知是什么；学生的"主体"是思考、是体验，不是死记硬背的机械认知。

让学生学会学习、学会思考、学会应用的方法，才是真正地"圆"学生的梦，才能让学生实现自己的理想。

2015年3月24日于烟台

140

以美育人

习近平总书记在全国教育大会上强调，坚持中国特色社会主义教育发展道路，培养德智体美劳全面发展的社会主义建设者和接班人。并指出，要全面加强和改进学校美育，坚持以美育人，以文化人，提高学生的审美和人文素养。在给中央美术学院老教授回信中习近平总书记强调："美术教育是美育的重要组成部分，对塑造美好心灵具有重要作用。你们提出加强美育工作，很有必要。做好美育工作，要坚持立德树人，扎根时代生活，遵循美育特点，弘扬中华美育精神，让祖国青年一代身心都健康成长。"

《国务院办公厅关于全面加强和改进学校美育工作的意见》指出"美育是审美教育，也是情操教育和心灵教育，不仅能提升人的审美素养，还能潜移默化地影响人的情感、趣味、气质、胸襟，激励人的精神，温润人的心灵。美育与德育、智育、体育相辅相成、相互促进。"

一、艺术教育对智育的促进作用——以美启智

教育心理学家霍华德·加德纳认为，支撑多元智能理论的是个体身上相对独立存在着的、与特定的认知领域和知识领域相联系的八

种智能：语言智能（言语——戏剧、朗诵）、节奏智能（音乐）、数理智能（逻辑）、空间智能（视觉——美术）、动觉智能（身体——舞蹈）、自省智能（自知——艺术中的倾听、观察能力）、交流智能（交往——体育、音乐、舞蹈等集体项目）和自然观察智能（美术等）。艺术教育过程中渗透着理性的直观能力，使人的理性与人的感性相沟通，引导人由认识走向创造，起到以美启智的作用。

2005年7月29日上午在解放军总医院康复楼的病房里钱学森对温家宝总理说："我要补充一个教育问题，培养具有创新能力的人才问题。一个有科学创新能力的人不但要有科学知识，还要有文化艺术修养。没有这些是不行的。小时候，我父亲就是这样对我进行教育和培养的，他让我学理科，同时又送我去学绘画和音乐。就是把科学和文化艺术结合起来。我觉得艺术上的修养对我后来的科学工作很重要，它开拓科学创新思维。现在，我要宣传这个观点。"

科学和艺术具有相通性、互补性。伟大的物理学家爱因斯坦、水稻专家袁隆平，都擅长小提琴；地质学家李四光谱写了中国最早的一首小提琴曲《行路难》；达·芬奇不仅是伟大的画家而且是伟大的数学家、自然科学家和工程师。

现代脑科学研究提出大脑两个半球的"双势理论"和"思维互补理论"，指出大脑两个半球是有分工的，具有互补性。人们在科学研究中经常使用的是大脑左半球而大脑右半球没有充分调动起来，长时间运用这种模式不利于大脑的发育。艺术教育可以促进大脑两半球的协调发展，如音乐、美术、舞蹈等，都能活动大脑右半球。一方面可以使大脑左半球得到休息，另一方面由于大脑接收到更多的外部信息，通过两半球的积极协调配合，更能充分调动潜意识中的创造灵感。正如英国剑桥大学动物病理学教授贝弗里奇说："成功的科学家往往是兴趣广泛的人。他们的独创精神可能来自他们的博学。多样化会使人观点新鲜，而过于长时间钻研一个狭窄的领域，则易使人愚蠢。""近似于创造思维活动带给人的快感，而适当的音乐能帮助造成适合于创造性思维的情绪。"爱因斯坦在科学研究遇到困难时，他就把自己关在屋里拉小提琴，并指出他不是以拉琴来休息而是从音乐中重新获取灵感，他说："真正的科学和真正的音乐要求同样的思维过程。"

另外，美术学习中对图像的空间概念认知，有助于学生对立体几何的学习。艺术与科学交融的新思维、新方法，能够促进艺术与科学的良性互动与发展。

二、艺术促进人格的完善，为学生终身发展和幸福奠定基础

苏霍姆林斯基认为："美是道德纯洁、精神财富的主体健全的强大源泉。"

（一）艺术教育是和谐教育，是促进交往与沟通的教育。它通过视听的魅力吸引人在精神自由的状态中达到理性逻辑和感性审美的有机统一。无论是绘画、集体唱歌（合唱）、乐器合奏、舞蹈表演等各种艺术活动的开展，都有助于增进人与人之间的沟通和交流，都能促使人自身器官、人与人、人与自然之间的和谐，培养和发展人的相互尊重、团结互助、协调配合的行为习惯，使之更好地与他人交往、更多地体会到友谊的可贵，从而形成人与人之间密切合作的群体意识和集体主义精神，促进人的和谐发展。

（二）艺术教育是生活态度教育，是提升生活质量的教育。艺术教育的核心任务是培养学生的审美能力，是传递真善美的教育；穿衣戴帽，言行举止等诸方面的审美判断和审美表现，影响着一个人生活的质量。艺术教育是真善美的教育，美术、音乐、舞蹈和戏曲通过不同的艺术形式向人们表达同样的情感，那就是"热爱生活"。只有教会学生以"热爱"的态度观察生活、体验生活，从而拥有良好的精神风

貌、振奋的精神状态、高尚的道德情操，建立积极、宽容、健康的社会心态，才能促进全体社会成员人格的完善。

三、重视人才培养的多元化

（一）以美育人是全人的教育，要纠正唯学科论教育观的偏颇，树立人才培养的大教育观，认真落实党的教育方针。德国通过官方介入，禁止对孩子过早开发智力，避免将孩子大脑变成硬盘，留给孩子更多的想象空间。自诺贝尔奖设立以来，德国人获得诺贝尔奖的人数接近诺贝尔奖获奖总数的一半。全德国有8000万人口，举国上下有40000个合唱团，还有25000多个专业或业余的乐团或舞团。每4个德国人中就有1个能够熟练地演奏一种乐器或是掌握声乐技巧。德国家长普遍认为，激发孩子学习音乐的兴趣，要比用棍棒压迫他们苦学有效得多。

（二）艺术教育是人才培养不可或缺的重要方面。《美国艺术教育国家标准》中指出"我们的儿童教育成功与否，有赖于能否形成一个文明的、富于想象的、有竞争力和富于创造性的社会。如果没有艺术来帮助学生促进他们的感知和想象，我们的儿童就极有可能带着文化上的残疾步入成人社会。我们绝不能允许这样的事情发生。"这是美国学校艺术教育有史以来第一套在联邦政府直接干预下制定的，是从国际竞争力的角度把艺术教育上升到一个"决定国家是否强大"的层次上，上升到"国家竞争力"，上升到"培养全面的人格"。其中那句"我们绝不允许这样的事情发生"，让我们看到了美国教育的责任感与使命感，这也是他们强大的原因。

（三）重视人才培养的多元化。多元智能理论是由美国教育心理学家霍华德·加德纳（Howard Gardner）在1983年提出的。他从研究脑部受创伤的病人发觉到他们在学习能力上的差异，指出"传统上，学校一直只强调学生在逻辑——数学和语文（主要是读和写）两方面的发展。但这并不是人类智能的全部。不同的人会有不同的智能组合，例如：建筑师及雕塑家的空间感（空间智能）比较强、运动员和芭蕾舞演员的体力（肢体运作智能）较强、公关的人际智能较强、作家的内省智能较强等。"

新高中音乐、美术课程标准中学科课程包括：必修课程、选择性必修课程、选修课程。选修课程都是针对有艺术特长和有志于艺术特长发展的学生准备的。高中的人才培养，必须理解多元智能理论，让学生有实现自我的平台，实现人才培养的多元化。

新高中课程标准提出，美术学科的核心素养是"图像识读、美术表现、审美判断、创意实践、文化理解。"音乐学科核心素养是"审美感知、艺术表现、文化理解。"学科核心素养是学科育人价值的集中体现，是学生通过学科学习而逐步形成的正确价值观念、必备品质和关键能力，普通高中音乐、美术课程的性质，与义务教育段音乐、美术课程的人文性、审美性和实践性一脉相承。

高中的音乐、美术课程，音乐学科必修课程包括：音乐鉴赏、歌唱、演奏、音乐创编、音乐与舞蹈、音乐与戏剧；选择性必修课程包括：合唱、合奏、舞蹈表演、戏剧表演音乐理论、视唱练耳。

高中课表中音乐、美术学科包括：必修课程、选择性必修课程、选修课程。选修课程都是针对有艺术特长和有志于艺术发展的学生准备的。高中的人才培养，必须理解多元智能理论，实现人才培养培养的多元化，让学生有实现自我的平台。

艺术教育是基础教育的重要组成部分，艺术教育作为素质教育的一个实施手段，在实现学生的全面发展中起着不可替代的作用。艺术教育如同一把开启人类心智与情感大门的钥匙，在塑造人类超越自我、超越功利、超越自然的崇高精神境界的同时，也孕育着人们真、善、美的追求，所以有人把艺术教育形象地称为培养全人的教育。

学校美育的根本任务就是"以美育人，以文化人，立德树人"。

2018年10月

141

一块木板、一根钢丝绳的启示

前段时间我观看中央电视台撒贝宁主持的科学实验节目《加油！向未来》，节目中的两个实验让我感触颇深。

第一个实验是把200个节拍器放在一块板上，当工作人员随意将节拍器拨响后，全场200个节拍器所敲出的节拍非常凌乱，但过了一会儿，奇迹出现了，200个节拍器在毫无外力作用的情况下，从随机凌乱的摇摆方式中自行变得整齐划一，奏出了统一的一个节拍。

不少网友感叹惊讶之余，有人指出这就是共振、耦合现象。

另一个实验是撒贝宁、尼格买提"亲身试验"，两人担纲"人肉钟摆"，坐在一条钢丝上悬挂的两个秋千上，在一个秋千摆动时另一个秋千在没有外力的情况下也随会着摆动；当一个秋千停止时，另一个人秋千就会继续摆动，并逐渐增强摆动幅度；当摆动幅度增强时，已经停止的秋千又开始摆动，如此交替。

看到这里，我想起了我们的学校教育。

一所学校就好像一块木板，学生就是一个个节拍器，学生刚入学时没有接受过统一的教育和要求，自己的行为、语言、做人做事态度随心、随意性较大就像节拍器一样，语言、行为凌乱，没有约束。这时的步调统一，就需要学校将校风、校纪变成一块板子，使其产生共振。

优质的学校，由于有完善有效的规章制度和好的学习风气和学习习惯要求，性格各异的学生到了这样一所学校，不用过多的说教，每位学生就会像节拍器一样在良好的氛围中，逐渐改掉自己的一些不好的习惯，变得与学校的要求步调一致。

两个秋千的实验又表明学校教育是挖掘学生潜能，培养创新思维和能力的重要场所。挖掘学生的潜能，应有一个起联动作用的目标和规则，这就是挂两个秋千的钢丝绳，要想让学生的思维和行动动起来，需要的是统一的标准和规则，需要的是理念的更新、模范的引领、活动的开展，从让学生行动起来，达到学生自觉行动的目的。

优质的学校，明白先进、模范的作用，能够正确地把握先进、模范的标准和作用，达到以点带面的目的。

当进入那些办学质量一般的学校，就会看到校容、校貌的脏、乱、差，没有自己学校特色的文化，听到对评比、制度不满的声音。这样不会有步调一致的"共振"，更不能产生积极主动的行为。

"昔孟母，择邻处。"教育所实施的是人类灵魂的工程而学校则是实施这项工程的平台和场所，良好的校风校纪、良好的学习氛围会改变一个人的人生轨迹。

习近平总书记在十八届中央纪委二次全会上指出："要加强对权力运行的制约和监督，把权力关进制度的笼子里，形成不敢腐的惩戒机制、不能腐的防范机制、不易腐的保障机制"。"把权力关进制度的笼子里"这一重要论述，用形象的语言表达了整体与个人的关系，内涵丰富，为构建科学有效的权力运行体系、规范权力运行、有效防治腐败，为全面提高党的建设科学化水平、推动廉洁政治建设指明了方向、提供了遵循。全国人民的认同就是不同个体在同一平台上发出同一个声音。

国家科技进步奖的设立和表彰是在国家科技创新的这条"钢丝绳"的牵引下，实现模范引领和带动。

一块木板，对学校来讲就是规章制度、校园文化、学习环境、教育理念。如果我们的学校都能把中国特色社会主义道路自信、理论自信、制度自信、文化自信这四个自信作为校园文化建设的根本，将优秀的中华文化渗透到校园的每一个角落，形成适合学生的、有特色的良好校风，就能抵制不适合我国发展的外来、腐朽的政治文化侵蚀，就能塑造出一个个适合中国特色社会主义发展的社会主义建设者和接班人。

一根钢丝绳，对学校来讲就是树标立本，用模范的行为，先进的教育理念，引领教师做好教书育人之本分，引导学生养成良好的行为习惯，塑造美好人格。

教育的任务是育人，育人的根本是规范行为，陶冶情操。教育工作者有时很容易变成"思想上的巨人，行动上的矮子。"

心动不如行动，让我们行动起来，认真落实党的教育方针，坚定树立"以美育人，以文化人，立德树人"的教育思想。相信你会办成一个有规范、有生机、积极向上的学校，培养出"德智体美劳"全面发展的有理想、有道德、有文化、有纪律，立志为人民做贡献，为祖国做贡献，为人类做贡献的社会主义新人。

2018年8月5日观央视《加油！向未来》节目有感